Manipolazione

Come Individuare Un Manipolatore E Difendersi Contro Le Arti Oscure

Marta Rossi

Table Of Contents

Introduzione

La parola manipolazione si adatta perfettamente al nostro mondo di oggi. Le persone usano i media, le relazioni interpersonali e il potere per manipolare gli altri. In effetti, tutti incontrano ogni giorno un vero maestro della manipolazione. È interessante notare che ci sono alte probabilità che tutti abbiano usato la manipolazione per ottenere ciò che vogliono in un punto della vita o nell'altro. È un'arte che impariamo da un'età tenera. Per esempio, la maggior parte di noi piangeva quando voleva qualcosa dai suoi genitori. La maggior parte di noi ha fatto favori agli altri perché aveva bisogno di qualcosa. La manipolazione può essere intenzionale o non intenzionale. Può essere usata nel bene o nel male.

Sono certa che il mio libro possa aiutarti a riconoscere un manipolatore e a difenderti da quest'ultimo.

Buona lettura.

Capitolo 1 - Mi mostreranno chi sono

Il tema della psicologia oscura non sarebbe affrontato in maniera esaustiva se non si parlasse della "lettura", un processo semplice e spesso lungo finalizzato a conoscere un potenziale bersaglio. Un "lettore" esperto è in grado di cogliere immediatamente certi indizi dal linguaggio del corpo di una persona e dalle frasi che pronuncia, così da determinare un profilo psicologico perfettamente corrispondente al vero. Tali tecniche di "lettura" sono comunemente utilizzate, ad esempio, dai membri delle principali agenzie di intelligence. Ognuno di noi diffonde una grande quantità di informazioni su di sé già attraverso il solo modo di agire.

Questa capacità di lettura risulta meno rilevante in un'epoca di social media che consentono di raccogliere tranquillamente informazioni sulle persone attraverso Internet. Ci si potrebbe stupire di quante informazioni ci sono in giro, sia su canali pubblici che privati. Soggetti incaricati raccolgono dai più grandi siti di social media informazioni e dettagli che possono finire, ad esempio, nelle mani delle forze dell'ordine. È facile ricavare informazioni da profili pubblici; per non rischiare di diventare un bersaglio, tutti gli account dei social media dovrebbero essere privati.

Proteggersi da eventuali "letture" in uno spazio pubblico risulta un po' più complesso. L'attenzione di un "lettore" si focalizza, naturalmente, soprattutto sul volto poiché le espressioni e i tratti del viso sono rivelatori.

Un lettore esperto può rilevare immediatamente ogni variazione nel e registrarla nel suo profilo mentale. Avere un'espressione impassibile, indossare occhiali da sole scuri o coprire il viso in qualsiasi modo è una possibile difesa, ma non sapendo sempre chi sono i nostri aggressori o chi cerca di leggerci e perché, è impraticabile stare sempre sulla difensiva.

In tal modo, l'aggressore avrà sempre la possibilità di scegliere tra una certa quantità di bersagli. La sfera pubblica diventa un terreno di prova dove l'aggressore può applicare le sue tecniche di profilazione psicologica senza conseguenze. Se è l'aggressore a prendere le decisioni, può attirare la vittima in determinate situazioni o luoghi che potrebbero indurla a pronunciare parole che verranno inserite nel suo profilo psicologico; in mancanza di precauzioni in questo senso, incontri più frequenti con l'aggressore o visite prolungate renderanno più preciso tale profilo.

L'arte di "leggere" le persone

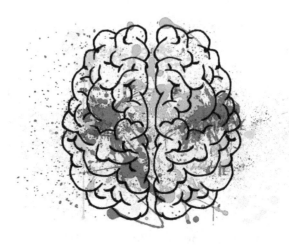

Creare un profilo psicologico è un'arte. I dettagli esatti variano da un artista all'altro, anche se alcune tecniche sono più universali di altre; come ogni arte, anche la capacità di profilazione migliora con la pratica e, in breve tempo, l'artista incorpora il proprio talento artistico nelle sue tecniche. La "lettura" delle persone può essere praticata in qualsiasi momento sia su un soggetto conosciuto che su un individuo incontrato per caso. Anche i potenziali aggressori psicologici oscuri possono essere oggetto di "lettura", ma solitamente essi sanno come nascondere il loro vero essere.

Se leggere le persone è un'arte, allora esistono vari strumenti e mezzi per perfezionarla. Quando si incontra qualcuno per la prima volta, è una tabula rasa; a poco a poco, cominciano a emergere aspetti che ci portano a dipingere un quadro mentale della persona in oggetto.

Questo quadro mentale è sinonimo di una certa personalità; un aggressore potrebbe definirlo un profilo psicologico, poiché egli cerca soggetti specifici. Tendenzialmente, le sue vittime sono persone vulnerabili, impressionabili, credulone, sole o sotto costrizione; se l'aggressore riscontra una di queste caratteristiche, essa viene inserita nel profilo psicologico.

A volte una "lettura" può non andare a buon fine, ma questo non è un problema perché il mare è pieno di pesci, pesci che vi riveleranno di più su loro stesso. In generale, un attacco psicologico oscuro darà migliori risultati su un soggetto corrispondente al profilo di una potenziale vittima. Attacchi avviati contro persone con un profilo psicologico diverso possono non funzionare altrettanto bene, ma ciò non scoraggerà comunque l'aggressore più ostinato. Una volta ottenuto un buon profilo psicologico, l'aggressore può iniziare a sfruttare i tratti della personalità e i traumi del passato a suo vantaggio, così da costruire poco a poco un'impalcatura sulla quale della quale lanciare i loro attacchi più devastanti.

Gli strumenti di "lettura" sono numerosi, ma i più evidenti sono il volto, il corpo e soprattutto gli occhi. Osservando da vicino questi tre aspetti si può capire come una persona si sente subito dopo aver iniziato una conversazione con lei; il modo in cui una persona si sente, a sua volta, è influenzato dai suoi pensieri più immediati. Un aggressore può non essere in grado di leggere ciò che la persona in mente, ma può sottoporla a sollecitazioni fino a quando la vittima non rivelerà tutto ciò che l'aggressore desidera sapere.

Di seguito è riportato un repertorio standard per "leggere" le persone, sia che si tratti di un perfetto sconosciuto che un amico di vecchia data.

1. Mantenere il giudizio

Come è bene non giudicare un libro dalla copertina, è necessario evitarlo anche nel caso delle persone. Qualunque sia l'aspetto esteriore di un individuo, potrebbe trattarsi semplicemente di una facciata. In alcuni casi non è soltanto una facciata, ma il suo comportamento è fuori sincrono con l'immagine mentale che si ha di questa persona, il che può far venir meno ogni possibilità di leggerlo. Non diamo per scontato che una persona sia dura, felice, triste o debole in ragione del suo aspetto; analogamente, non categorizziamo le persone in gruppi per poi associare alcuni tratti a ognuno di questi.

Se, tuttavia, procedete in una di queste due direzioni, non lasciatevi eccessivamente influenzare da queste impressioni fino a quando non avrete abbastanza informazioni per delineare effettivamente un profilo; in caso contrario, si offuscherà tutto ciò che già avete sul soggetto in questione. La chiave è essere oggettivi con le persone e trattarle come un esperimento oggettivo; registriamo solo ciò che ci mostrano, cioè le prove che otterremo dalla nostra interazione con loro.

2. Identificare gli elementi di interesse

È tutto negli occhi. La prima cosa da fare quando si incontra qualcuno di nuovo è osservare i suoi occhi: gli occhi sono lo specchio dell'anima, ma ci dicono anche dove l'attenzione della persona è rivolta. Un individuo che non riesce a mantenere il contatto visivo, per esempio, o è timido o cerca di nasconderci qualcosa; un aggressore esperto sa che questo può essere usato contro la sua potenziale vittima e potrebbe preferire mantenere un buon contatto visivo per tutta la conversazione. In tal modo, oltre ad apparire più fiducioso, l'aggressore stabilisce un interesse per l'altra persona, anche se di carattere superficiale.

Analizziamo l'ambiente fisico in cui ci troviamo, ma evitiamo di esaminarlo troppo il luogo; in caso di dubbio, spostiamo lo sguardo dal nostro bersaglio solo quando anche lui fa lo stesso. L'obiettivo è quello di sembrare sempre interessati, ma di nascondere all'altro le proprie capacità di osservazione. Immaginiamo di "guardare" una persona estremamente attraente con l'intenzione di non farlo trasparire in maniera eccessiva.

Facciamo in modo di sapere sempre dove sta guardando il nostro bersaglio, se è proprio dietro di noi, di lato o ai suoi piedi. Cosa può esserci di così interessante dietro la nostra testa da evitare di guardarci negli occhi? Potrebbe osservare la strada, o altre persone; o, forse, vuole andarsene e cerca una via d'uscita. Uno sguardo sfuggente da parte del nostro bersaglio può consentirci di cogliere indizi di contesto su ciò che sta accadendo nella sua testa.

Se continua a guardare l'orologio o a controllare il telefono, è evidente che ha altre questioni urgenti in mente.

Infine, ricordiamoci che l'elemento di interesse del nostro bersaglio potrebbe non corrispondere sempre a dove punta il suo sguardo. Potrebbe fissarci negli occhi, ma essere focalizzato sulla conversazione che si sta svolgendo un tavolo più in là. Forse è effettivamente una conversazione molto interessante o difficile da ignorare; o, forse, sotto sotto non vuole parlare con noi. In questi casi, registrare dove gli occhi stanno puntando perde di senso, ma se si riesce a mantenere il contatto visivo, possiamo suscitare l'attenzione del bersaglio ponendo domande a metà delle frasi. Proviamo a buttare lì una parola completamente casuale nel mezzo di un'affermazione e vediamo se se ne accorge. Nove volte su dieci, non noterà la parola spuria poiché la sua attenzione è altrove; è anche vero che, qualora dovesse rilevarla, non dirà nulla.

Quando l'elemento di interesse non corrisponde alla direzione degli occhi, potrebbe (sorprendentemente) corrispondere all'orientamento dei piedi. Le persone tendono a puntare il loro piede primario o entrambi nella direzione del loro vero punto di interesse, che potrebbe anche essere un soggetto attraente del sesso opposto seduto di fronte a noi. Se abbiamo una visuale sui loro piedi, rileviamo dove sono orientati. Le persone che hanno il desiderio di stare vicino a un determinato individuo, tendono a puntare i propri piedi direttamente verso tale individuo.

Perché? Per prima cosa, riduce la distanza tra le due parti: se qualcuno vuole avvicinarsi a un'altra persona, posizionerà i suoi piedi in modo tale da poter avviarsi immediatamente verso quella persona una volta terminato il suo impegno in corso. Significa anche sentirsi fisicamente più vicino all'altra persona, il che può essere importante per una persona innamorata. Un piede che punta verso l'uscita è un buon motivo per credere che la persona voglia andare da qualche altra parte.

3. Cosa ci rivela la loro postura?

Qualcuno che ha le spalle cadenti in avanti e tiene la testa bassa si sente spaventato o vulnerabile; chi ha la schiena dritta, con le spalle leggermente indietro e rilassate, è completamente a suo agio con noi; una postura difensiva, con le braccia incrociate e una breve distanza tra spalle e guance, può indicare che quella persona è fiduciosa o ostile nei nostri confronti.

Dobbiamo comprendere la differenza e le sottigliezze tra una postura chiusa e una aperta. Una postura chiusa è una postura in cui il bersaglio è rannicchiato o sta bloccando aree sensibili come l'inguine, l'addome, il torace (donne) e la gola da potenziali traumi. Di solito, il trauma è altamente improbabile in queste situazioni, e le persone assumono una postura chiusa o aperta solo per ragioni psicologiche. La postura chiusa ci dice che questa persona non è a suo agio. O è riservata, e quindi tende ad assumere in ogni caso una postura chiusa, oppure stiamo facendo qualcosa che la spinge ad assumerla. Le gambe incrociate delle donne possono essere considerate come un tipo di postura chiusa (che protegge la zona inguinale), ma per molte donne è una posizione naturale, soprattutto quando indossano abiti rivelatori. Chi ha una postura chiusa, probabilmente ne assumerà una aperta solo quando si sentirà a proprio agio. In natura, la maggior parte delle persone assume istintivamente una postura chiusa, soprattutto in presenza di estranei.

Una postura aperta è piuttosto semplice, come un nonno che allunga entrambe le braccia per salutare i nipoti al barbecue di famiglia. Il bersaglio si pone generalmente a testa alta e con il petto in vista; può anche spostare o allungare le braccia in modo tale da aumentare la superficie del busto, ad esempio tenendo uno zaino o una borsa su una spalla. Generalmente, i palmi delle mani sono posti con le dita distanziate verso l'alto. Una postura aperta segnala sia fiducia nella persona che si ha davanti, sia un senso di cordialità. È più probabile che qualcuno mostri questa postura se si tratta di un familiare o di un amico intimo: pensate a quando ci abbracciamo, diamo il cinque o pacche sulle spalle.

4. Stabiliamo cosa è normale e cosa no

Ognuno di noi si differenzia dagli altri per un insieme unico di abitudini e idiosincrasie. Quanto più velocemente riusciamo a identificare queste peculiari abitudini, tanto migliore sarà la "lettura". Alcune persone sono solite mangiarsi le unghie, altre lo fanno solo quando sono nervose; ciò è da considerare per non operare una lettura sbagliata. Ad altri piace attorcigliarsi i capelli, giocare con il telefono o far roteare le chiavi; uomini e donne con i capelli lunghi possono essere portati a spostare con una certa frequenza delle ciocche dietro le orecchie. E così via. Incontri più frequenti con il bersaglio renderanno più facile stabilire quelli che sono i comportamenti per lui normali.

Una volta che si nota un comportamento che esce dalle abitudini, registriamolo perché potrebbe essere importante. Questo è un punto chiave per la maggior parte delle "letture": trovare indizi che sono atipici della persona. Ogni comportamento al di fuori del normale è da ricollegarsi direttamente al suo stato mentale.

5. Cerchiamo di entrare nella sua testa

La fase finale di ogni buona "lettura" riuscita è quello di sommare tutte le informazioni ottenute dal bersaglio e cercare di capire cosa questo sta pensando. Per svolgere al meglio questa fase ci vuole pratica e una notevole capacità di osservazione. Se fuori facesse freddo o se l'aria condizionata fosse alta, una persona potrebbe incrociare le braccia per il freddo; notare piccoli dettagli come questo è fondamentale per capire cosa il bersaglio sta pensando senza finire fuori strada. Ci vuole un po' di intuito, o di istinto, per eseguire questa valutazione finale.

Proviamo a ipotizzare chi è questo individuo, cosa sta facendo e come il nostro comportamento sta influenzando il suo. L'altra persona non ha bisogno di conoscere le tecniche di profiling per prestare attenzione al nostro linguaggio del corpo; tutti lo fanno, anche solo a livello subconscio. Ora ipotizziamo quale sia il suo attuale stato emotivo.

È calmo e controllato, o sulla difensiva? Si sta godendo la conversazione in corso o l'interazione sociale con noi, o dà l'impressione di volersene andare? Una volta che si giunge a una "lettura" emotiva, è possibile manipolare ulteriormente questi sentimenti andando più in profondità. Solo dopo aver effettuato una buona "lettura" dello stato emotivo del bersaglio ed essersi assicurati che corrisponda al vero, possiamo iniziare a tracciare un profilo psicologico.

Definire un profilo psicologico

Lo scopo della "lettura" di un obiettivo è quello di stabilirne un profilo psicologico. Ci sono una serie di tratti, stati mentali, opinioni e credenze che ci diranno chi è una data persona. Lo studio di casi di psicologia oscura ha portato a individuare un profilo universale delle vittime: sono persone che tendono ad avere una bassa autostima, appartengono al ceto medio o più povero della popolazione, e mostrano generalmente scarsa determinazione. Spesso sono individui insoddisfatti dello stato attuale delle cose, sia che si tratti della loro vita personale, dello stato della società, della politica o di certi altri aspetti. Altri bersagli hanno una natura più servile, tendono alla sottomissione e preferiscono che gli si dica cosa fare piuttosto che essere loro a indirizzare gli altri.

Questi sono i tratti tipici di un buon bersaglio. Se l'obiettivo non ha queste caratteristiche, si può lo stesso tentare l'aggressione; tuttavia, se l'attacco non deve mirare a una persona in particolare, è meglio puntare a soggetti potenzialmente più vulnerabili.

Come procedere allora? Un profilo psicologico richiede dettagli intimi su una persona, che sono difficili da ottenere da incontri casuali e dai consueti flussi di comunicazione. Chi che ha qualcosa da nascondere non ce lo mostrerà volentieri: una donna che si sta riprendendo da una violenza sessuale o da qualche trauma correlato, ad esempio, può trovarsi in uno stato molto vulnerabile, ma essere comunque in grado di nasconderlo agli altri. Il nostro compito, in quanto oscuro aggressore psicologico, è quello di abbattere queste mura e di entrare per arrivare alla reale personalità del bersaglio.

Questa sarà il risultato di una combinazione di letture, domande opportunistiche e di un po' di ricerche. In molti casi, una persona con un profilo psicologico debole ci fornirà da sé queste informazioni, senza dovere chiedergliele. L'aggressore deve creare un legame o un senso di fiducia tra sé e l'obiettivo. Quest'ultimo dovrà sentirsi sempre a suo agio con noi e noi dobbiamo mostrare un genuino interesse nei suoi confronti. Lo psicopatico di lungo corso ha un vantaggio su tutti gli altri, in quanto è un maestro nel creare queste condizioni; le persone psicopatiche sono carismatiche e trasmettono affidabilità.

Una persona in difficoltà è facile da manipolare poiché bisognosa di speranza, aiuti economici, amicizia, guida, di una spalla su cui appoggiarsi, di qualcuno che ascolti le sue difficoltà, ecc. Un aggressore può assumere uno qualsiasi di questi ruoli, se e solo quando si rende conto che una persona si trova in tale posizione.

Un individuo con un profilo psicologico forte non darà mai così tanta fiducia né sarà interessata a ciò che il potenziale aggressore avrà da dire, ma avrà comunque dei tratti più facilmente manipolabili rispetto ad altri. Alcune persone crederanno a tutto ciò che viene loro detto se proviene da un'autorità o se quanto appena appreso (a prescindere che sia vero o meno) li fa sentire meglio con sé stesse. Coloro che si appassionano alle teorie complottiste amano sentir parlare di come le torri gemelle siano state una messinscena o di come il governo sia controllato dagli alieni. Queste convinzioni confermano i loro pregiudizi e dunque non si preoccupano di andare a verificarne la veridicità. Per agire su profili psicologici forti è innanzitutto necessario "ammorbidirli" un po'.

Una volta stabilito un collegamento, un legame, un terreno comune o un luogo di fiducia, possiamo lentamente iniziare a operare attacchi psicologici oscuri. È meglio procedere con cautela piuttosto che rapidamente e a ogni intervallo dell'attacco sarebbe necessario riaffermare il legame costruito.

Punti chiave

- È meglio puntare a soggetti disperati, che danno molta fiducia, o che richiedono qualche "cura" che possiamo fornire loro

- Ci sono molti approcci per profilare un potenziale obiettivo. Nel corso del tempo un aggressore esperto svilupperà i propri indicatori.

- Alcune persone sono più disposte a lasciar trasparire chi sono rispetto ad altre. Questi soggetti tendono ad essere di tipo "aperto" e sono ottimi bersagli per la "lettura"

- L'arte di "leggere" le persone migliora solo con la pratica

- Un aggressore esperto saprà difendersi dalla "lettura"; altri useranno una falsa personalità per confondere chi che cerca di "leggerli"

Elementi di azione

1.   I nostri primi tentativi di "leggere" gli sconosciuti si riveleranno degli insuccessi. "Leggere" le persone che già conosciamo potrebbe risultare più facile, ma consideriamo che abbiamo già un'idea preconcetta di chi siano questi individui. Nelle "letture", però, bisognerà fare in modo di essere obiettivi. Come per qualsiasi altra abilità, anche la "lettura" richiede una pratica costante: la prossima volta che incontriamo uno sconosciuto, andiamo a un appuntamento o abbiamo una conversazione casuale con qualcuno, proviamo a vedere se riusciamo a "leggerlo" analizzando i suoi punti di interesse, la sua postura e il carattere aperto o chiuso della sua personalità.

2.   Ogni buon aggressore psicologico oscuro dovrebbe essere in grado di celare le proprie intenzioni. Ricordiamoci che, mentre noi cerchiamo di "leggere" una persona, questa sta facendo la stessa cosa a livello subconscio con noi. Creare un personaggio falso può significare semplicemente adottare nuovi modi di fare e modelli comportamentali non abituali. Sperimentiamo l'uso di tic, di movimenti della testa e delle sopracciglia e di altri elementi per confondere i potenziali aggressori.

3.   Molto raramente riusciremo a verificare se una "lettura" è corretta o meno. Anche se interpellata a riguardo, una persona può decidere di non dirci se si sente in un certo modo, ma non fa male provare. La prossima volta che operate la "lettura" di qualcuno e credete che sia corretta, chiedeteglielo. Si sente effettivamente come tu hai rilevato attraverso l'analisi del

suo linguaggio del corpo? Una buona domanda potrebbe anche essere semplicemente "qualcosa ti dà fastidio?" o "ti senti ansioso?

Capitolo 2 - Faranno quello che voglio - Manipolazione segreta

C'è più di un modo per ottenere ciò che si vuole da qualcuno. Quello più semplice è attraverso la minaccia di un ricorso alla forza, forse il modo più antico per manipolare una persona (si ipotizza che risalga alla scoperta delle armi). La minaccia di danni fisici attraverso la forza bruta o l'utilizzo di armi è una potente motivazione: poiché siamo naturalmente autoconservatori, la nostra più grande preoccupazione è quella di proteggere la nostra vita e i nostri arti. La forza fisica, però, non è una modalità di manipolazione ideale nel mondo moderno poiché oggi dobbiamo affrontare le leggi, le richieste di risarcimento assicurativo e la possibilità di ritorsioni di forza uguale o superiore (a volte mortali).

In ragione di questi fattori, la manipolazione segreta risulta essere una buona alternativa. Tali fattori, combinati con il clima della comunicazione dei mass media e con la possibilità di reperire costantemente informazioni da internet, determinano il panorama ideale per la manipolazione segreta. Qualsiasi forma di manipolazione caratterizzata da scarse possibilità di essere rilevata può definirsi segreta; rimane tale anche quando il bersaglio sospetta o sa di essere manipolato, a meno che una terza parte non venga informata della manipolazione. Il compito dell'aggressore è quello di ridurre al minimo la possibilità di essere scoperto, lavorandosi intanto i suoi bersagli.

Ciascuna persona si caratterizza per un insieme unico di desideri e motivazioni. Ogni giorno, la sua motivazione ad agire deriva da una complessa interazione tra desideri, storie personali, stati mentali, nuovi sviluppi e tratti della personalità. Un aggressore esperto può "insinuarsi" in questa complessa interazione e deviare i normali processi di costruzione della motivazione. Solitamente non è un obbiettivo facile da realizzare, ma alcuni bersagli sono più suscettibili di attacchi di altri.

Alla fine del processo, il manipolatore segreto vince quando arriva a far sì che il bersaglio esegua i suoi ordini senza protestare. Se il manipolatore dovesse essere scoperto, potrebbe semplicemente dileguarsi e passare al bersaglio successivo. Se le circostanze non dovessero permettere al manipolatore di scomparire, allora si aprirebbe un'altra questione. Idealmente, se la posto in gioco è alta, la manipolazione segreta non dovrebbe essere usata nei confronti di persone chiave che conoscono il manipolatore, che sono in grado di contattarlo facilmente o che sanno dove vive; in caso contrario, metterebbe a rischio i rapporti più intimi del manipolatore. Naturalmente, uno psicopatico potrebbe non avere alcun bisogno di queste relazioni e utilizzare quindi regolarmente la **psicologia oscura anche su tali soggetti.**

L'arte della persuasione

La visione tradizionale e non manipolativa della persuasione ha a che fare con la presentazione di informazioni rilevanti, la formazione di argomentazioni convincenti e logiche e l'appello all'emozione. Queste sono le tre facce della teoria retorica elaborata per la prima volta dai greci. A quei tempi, abilità che possiamo dare per scontate erano considerate "arti": l'arte del pensare, l'arte della memoria (inizialmente i greci non erano favorevoli all'utilizzo dei libri e memorizzato tutti gli insegnamenti che ritenevano utili), ecc. L'arte della persuasione era la capacità di usare le tre abilità retoriche di ethos, logos e pathos per convincere le altre persone circa una data questione.

L'uso tradizionale della retorica può ancora costituire una forma di manipolazione, ma forse essenzialmente in senso accademico e non per fini negativi. Se a un terrapiattista vengono fornite argomentazioni e prove convincenti a favore della visione contraria, questi può trovarsi a dover cambiare il proprio sistema di credenze. Tuttavia, anche argomenti basati su una buona retorica possono non risultare sempre convincenti nel caso di soggetti eccessivamente sicuri delle proprie convinzioni o, comunque, non intenzionati ad abbandonarle. In questo senso, la retorica è una forma debole di manipolazione poiché non trasferisce effettivamente il controllo da una parte all'altra.

Esiste un altro tipo di persuasione, non basato sulla retorica ma sui pregiudizi inerenti alla mente umana; come vedremo a breve, questo tipo di persuasione è più simile alla manipolazione, come vedrete tra poco. Inoltre, a differenza di quanto accade con la retorica, un attacco psicologico oscuro fondato su tali pregiudizi come mezzo di persuasione non può essere facilmente bloccato in ragione di una qualche convinzione. Non è, infatti, necessario mettere in discussione alcun sistema di credenza centrale e, di conseguenza, la resistenza è bassa, vi è fiducia.

1. Attacco della reciprocità

Per noi è naturale dare e ricevere, e quando riceviamo qualcosa, è naturale voler restituire il favore. Si tratta di una profonda tendenza umanitaria che molti considerano una norma sociale; andarvi contro significherebbe essere percepiti come egoisti, sfacciati o sconsiderati in generale. Sono attributi che spiccano in maniera significativa in un ambiente tribale e possiamo usare a nostro vantaggio, specialmente se l'obiettivo è suscettibile di pressione sociale (come accade frequentemente).

L'attacco è semplice. Si crea uno scenario in cui si regala a qualcuno un prodotto o un servizio tale da disturbare l'equilibrio della reciprocità e successivamente si sfrutterà questo squilibrio.

Quando l'aggressore avrà bisogno di qualcosa dal bersaglio, basterà ricordargli questo squilibrio.

"Rammentate che una volta ho fatto quella cosa per voi? Tutto quello che vi chiedo è di fare questa cosa in cambio".

A questo punto il bersaglio dovrà cedere alle nostre richieste o ignorarle. Se cede, l'attacco risulterà meno efficace in seguito, a meno che non ribaltiamo nuovamente la scala della reciprocità; se dovesse far finta di niente, potremmo continuare a tormentarlo finché non deciderà di arrendersi. Ecco perché la selezione del bersaglio è importante. Se il bersaglio ha pochi scrupoli o non sente un legame con voi, può semplicemente smettere di rispondere alle telefonate o ai messaggi.

Più pubblico è lo squilibrio della reciprocità, più sarà efficace: è meno probabile che l'obiettivo dimentichi l'intera vicenda se è nota a molti individui. È una questione di qualità contro quantità, nel senso che non conta quanti lo sanno, ma quanti di questi soggetti sono consapevoli che è importante. Una persona significativa, un gruppo di amici intimi o una figura autoritaria hanno un peso significativo.

2. Attacco dell'impegno

Un po' difficile da portare a termine, ma se eseguito correttamente, questo attacco risulta molto efficace. L'obiettivo è quello di costringere il bersaglio a impegnarsi in qualcosa che gli verrà richiesto di fare in futuro.

È una tipologia di attacco che funziona perché gli impegni sono di natura categorica: come un terrapiattista è disposto a ignorare le innumerevoli di prove contro la sua posizione, chi si assume un impegno è disposto a non tenere in considerazione le circostanze. L'impegno è un potente strumento psicologico che va ad attaccare il nostro senso di noi, il nostro sistema di valori e il modo in cui gli altri ci percepiscono.

Il trucco è sminuire l'impegno prima, in modo che il bersaglio sia più propenso ad assumerlo. Se si riesce a ottenere l'impegno per iscritto, l'attacco sarà due volte più potente.

"Mi prometti che un giorno mi porterai a Disneyland?"

"Se riuscirai a fare questo, significherà molto per me. Ma non c'è bisogno che tu lo faccia ora."

"Sarah ha detto che mi coprirà qualora dovessi fare qualcosa di brutto. Ma mi conosci, mi attengo ai miei principi".

Successivamente, si tratta di portare avanti l'impegno e di aggiungere pressione sul bersaglio. A questo punto l'obiettivo potrebbe non voler più assumersi, ma dato che si è già impegnato in precedenza la sua mente lo convince a rifarlo. Poiché questi impegni sono presi a partire da una proposta minimizzata, è facile "dimenticarli" nella foga del momento. È compito dell'aggressore ricordare al bersaglio, nei momenti opportuni, gli impegni assunti. Se li menziona troppo spesso, però, il bersaglio potrebbe insospettirsi. Ricordiamoli, dunque, solo quando la situazione lo richiede, ma assicuriamoci che il bersaglio sappia di quali impegni stiamo parlando. Quando sarà finalmente il momento di tener fede ai loro impegni, non avranno molta scelta.

3. Attacco della conformità sociale

In ogni tribù, la legge della conformità regna sovrana ed essere anticonformisti significa rischiare di perdere tutto ciò che l'appartenenza alla tribù assicura. Rifugio, cibo e protezione sono garantite all'interno della tribù, purché si rispettino le leggi comuni; chiunque vada contro la norma viene immediatamente bollato come diverso o non gradito. Un anticonformista può vedersi ignorato nel tentativo di correggere il suo comportamento, ma se questo non dovesse funzionare verrebbe cacciato dalla tribù e si troverebbe a doversela cavare da solo. Per i nostri antenati preistorici, l'allontanamento dalla tribù significava morte certa. Anche oggi le persone vogliono essere parte della massa più di quanto non vogliano esservi contrarie: gli immigrati, per esempio, desiderano integrarsi nella cultura dominante o trovare una piccola sacca della loro stessa cultura. Gli esseri umani vogliono sentirsi apprezzati e fare quello che fanno tutti gli altri.

Per sfruttare la conformità sociale a proprio vantaggio, un aggressore può creare una falsa narrazione di ciò che è un comportamento conforme (come fanno sempre le pubblicità), oppure semplicemente spostare l'attenzione su un aspetto della conformità di cui il bersaglio non era consapevole. In entrambi i casi, l'obiettivo subisce un'indebita (e a volte inesistente) pressione sociale per adeguarsi a quanto l'aggressore ha presentato come conforme.

"Molti dei miei amici hanno provato questo dato ristorante e hanno detto che era buono; probabilmente piacerebbe anche a voi. Potremmo andarci insieme qualche volta".

"La gente non lo fa più. Questa area della città è troppo affollata per trovare un parcheggio e, dunque, ormai parcheggiano solo in zone residenziali come questa. È permesso dalla legge per via della grande richiesta e della mancanza di parcheggi".

"Cosa significa che è strano che i miei due coinquilini siano maschi? Tutti l'hanno fatto durante il college. Lo faccio per i soldi, non per altre ragioni che potresti pensare. La nostra generazione si trova a vivere in un contesto economico negativo ed è ormai molto comune che persone di sesso diverso dividano lo stesso appartamento".

Affinché questo attacco vada a buon fine, è necessario convincere l'altro che non ci sia nulla di sbagliato, anche emergono evidenti incongruenze nel nostro discorso.

Se l'attacco è perpetrato nella foga del momento, come nell'esempio del parcheggio di cui sopra, l'altra parte è più propensa a cedere alla pressione che si crea. Può darsi che il parcheggio residenziale sia legale con un permesso di parcheggio, ma la nostra controparte non ha bisogno di saperlo. Se è una persona ingenua che crede a qualsiasi cosa, allora sarà facilmente manipolabile.

4. Attacco dell'attrazione fisica / necessità di approvazione

A seconda del bersaglio, alcuni aggressori possono trarre vantaggio dallo sfruttare il desiderio della vittima di colpirli o di apparire piacevoli. Se il bersaglio è fisicamente attratto da noi, potremo approfittare della sua disponibilità a frequentarci. L'attrazione sessuale o amorosa pone l'interlocutore in uno stato di disarmo in cui non è in grado di pensare in modo del tutto lucido e risulta permissivo. Chi normalmente non usa parolacce sarà più propenso a usarle se altrettanto fa la persona da cui è attratto; se il soggetto di loro interesse chiede di fare qualcosa al di fuori della loro zona di comfort, saranno maggiormente disposti a farlo. Il processo psicologico dietro questa reazione è semplice: una parte desidera avere un contatto sessuale con l'altra, quindi farà di tutto per tranquillizzarla. Si noti che il desiderio di contatto sessuale può essere anche solo di natura subconscia, una componente presente in qualsiasi forma di attrazione. Non è necessario che il desiderio sessuale sia esplicito perché questo tipo di attacco funzioni.

Tutto ciò che l'aggressore deve fare è porre una domanda in maniera tale che il bersaglio si senta coinvolto come "benefattore". Se l'altra parte percepisce che potrebbe guadagnare punti nei confronti del suo oggetto del desiderio o se ne sta cercando l'approvazione, si mostrerà sicuramente più disponibile.

"Voglio fare un giro sulle montagne russe. Vendono due biglietti al prezzo di uno, vieni? So che non ami questo tipo di attività, ma sarà diverso se saremo insieme. Voglio che lo facciamo entrambi".

"Sono un po' nei guai. Ho bisogno che qualcuno venga a prendermi, subito. So che non stai facendo niente di importante perché esci dal lavoro alle 15. Se vieni a prendermi, significherà molto per me".

In alcuni casi, un attacco puntato sull'attrazione fisica non richiede quest'ultimo passo poiché chiunque sia percepito come attraente dal bersaglio ha già un vantaggio psicologico su di lui. Una "lettura" del bersaglio può facilmente confermarlo. Osserviamo come il punto di interesse della vittima cambia a seconda delle situazioni. Chi ci trova attraenti cercherà costantemente una reazione sul nostro volto: quando qualcuno fa una battuta o succede qualcosa di spassoso, ci guarderà di nascosto per verificare se ci stiamo divertendo.

Una volta suscitata l'attrazione, qualsiasi altro attacco psicologico oscuro avrà immediatamente più potere.

Il condizionamento psicologico

Al fine di inquadrare il contesto dell'affermazione di John B. Watson secondo cui lo scienziato avrebbe potuto indirizzare un bambino verso qualsiasi attività, è utile comprendere il campo della psicologia comportamentale, che stava emergendo solo all'epoca. Gli psicologi comportamentali ritengono che il comportamento animale (e in teoria anche quello umano) possa essere condizionato dalla risposta di questi soggetti agli stimoli esterni. Ivan Pavlov, nei suoi ormai famosi esperimenti, fece ricorso alla cosiddetta condizione classica per controllare la risposta salivare nei cani. Il condizionamento classico consisteva nell'utilizzo di stimoli artificiali in sostituzione a quelli reali. Nel caso dei citati esperimenti di Pavlov, si trattò del suono di una campana: ogni volta che il cane sentiva la campana, associava immediatamente il sapore del cibo al suono. Pavlov condusse l'esperimento prevedendo che il cane fosse premiato ogni volta che la campana suonava, ottenendo così l'attesa di salivazione.

Il condizionamento classico non è il metodo ideale per la manipolazione poiché, come illustrato, si basa su un comportamento atteso. Un bersaglio richiederebbe uno stimolo costante per portare alla nascita di un'associazione, e anche in questo caso l'associazione sarebbe molto stretta: non vi sarebbe alcuna motivazione per il bersaglio a rispondere allo stimolo al di là del modo in cui è condizionato. Gli studi sul condizionamento classico di solito rimangono nell'ambito animale e non sono utili nel caso degli uomini; tuttavia, i principi fondamentali del comportamentismo possono essere facilmente applicati anche alla psicologia umana. Il condizionamento classico ci dice che il comportamento di qualsiasi organismo dipende da come viene percepito lo stimolo.

Nei regimi oppressivi, i dittatori sanno che esistono due modi per controllare la popolazione: con la carota o con il bastone. Il rinforzo positivo è usato per incoraggiare determinati comportamenti; allo stesso tempo, si fa ricorso a un rinforzo negativo per punirne e scoraggiarne altri. Un dittatore può reprimere il dissenso e prevedere esecuzioni pubbliche per gli oppositori, inviando così un messaggio severo al resto della popolazione. Similmente, può permettere l'accesso a show televisivi americani e alla pornografia, sebbene censurati da altri regimi, in ragione del fatto che una popolazione divertita è una popolazione docile.

Un aggressore psicologico può usare rinforzi sia positivi che negativi per modellare il comportamento del suo bersaglio, assume il ruolo sia di punitore che di elargitore di ricompense. L'aggressore deve stabilire con il bersaglio un rapporto tale per cui le sue ricompense e le sue punizioni abbiano un periodo di gestazione sufficientemente lungo; in caso contrario, non riuscirà a influenzarne il comportamento. Il potere di influenza dipende dal tempo e dall'attrazione.

Consideriamo il seguente scenario: John ha recentemente fatto amicizia con uno sconosciuto di nome Stuart. Stuart è nuovo in città e sta cercando di creare un gruppo di amici, perciò John gli ha detto che sarebbe felice di presentarlo ai suoi amici. Stuart ha appena cambiato la città perché gli è stato offerto un lavoro redditizio in una grande azienda, mentre John ha passato tutta la vita nella stessa città e attualmente non ha un lavoro.

John: *"Io e alcuni amici andiamo a passare una serata fuori più tardi; potresti venire con noi".*

Stuart: *"Non lo so, il giorno dopo devo lavorare".*

John: *"Andiamo, non sto dicendo di sbronzarci. Ci sarà Sarah."*

E poi più tardi al bar

John: *"Stuart ha detto che le bevande le offre lui! È un grande il mio amico!"*

Stuart: *"Certo, solo un giro o due."*

Lo scambio di cui sopra può essere visto come un tipo di rinforzo positivo. Qui l'aggressore (John) sta manipolando Stuart per uscire a bere. Lo fa promettendogli prima di tutto che ci sarà un potenziale interesse amoroso (Sarah) e poi essendo troppo amichevole con Stuart, che sta ancora cercando di guadagnarsi la fiducia dei suoi nuovi amici. Stuart non vuole davvero uscire, ma John lo sta condizionando con una ricompensa; Stuart, essendo in cerca di approvazione, offre volentieri da bere al gruppo. John fornisce un senso di appartenenza positivo, anche se potrebbe avere dei secondi fini, come approfittare del conto in banca di Stuart.

C'è anche una certa dissonanza cognitiva in gioco. Il giorno dopo Stuart si sentirà uno schifo essendosi dovuto svegliare presto per andare al lavoro, e il suo rendimento potrebbe risentirne; vi è dunque un rinforzo negativo a non fare festa fino a tardi (Stuart vuole evitare un esito negativo nel futuro). Tuttavia, essendosi divertito e avendo visto che anche i suoi amici si sono divertiti, Stuart potrebbe decidere di farlo di nuovo nonostante le conseguenze.

Rinforzo negativo non sempre significa punizione, ma può essere semplicemente l'eliminazione o il desiderio di evitare qualche risultato negativo. La punizione è una forte motivazione per convincere qualcuno a non reiterare un dato comportamento. E mentre il rinforzo positivo è normalmente pensato per far sentire bene qualcuno, quello negativo può essere usato allo stesso modo se risparmia all'altro di provare dolore.

Il dolore psicologico come la perdita di qualcosa, l'imbarazzo, il senso di colpa, la vergogna, la colpa e il risentimento sono solo alcuni degli esiti negativi che un bersaglio può voler evitare in futuro.

Stuart: "Scusa John, non stasera, devo fermarmi fino a tardi al lavoro".

John: "Peccato, amico, stavamo andando a fare un giro sul lungomare. Immagino che il lavoro venga prima, quindi fai come ritieni".

Il giorno dopo

John: "Sarah ha chiesto di te, ma ho dovuto dirle che eri occupato. Sembrava davvero depressa".

John: "Comunque, la sua band preferita verrà in città tra qualche giorno. Potremmo andare tutti insieme al concerto?"

John: "Sarah è appena uscita da una brutta rottura, sarebbe davvero una merda se tu non venissi"

Qui l'aggressore sta facendo provare a Stuart una successione di emozioni negative, in particolare il timore di perdere il controllo e il senso di colpa. È nell'interesse di Stuart rimanere al lavoro, ma John presenta una serie di eventi alternativi che sollecitano la sua coscienza. Ogni volta che Stuart si rifiuta di uscire, John può rigiocare la stessa carta, e continuare a ricordare a Stuart come sta "trattando" i suoi amici non uscendo.

John: "Non ce la fai a venire questo fine settimana? Non lavorerai mica"

Stuart: "È vero, vado a trovare un amico che vive in un'altra città".

John: "Ah, ok, nessun problema. Vorrei solo che tu potessi passare più tempo con noi, soprattutto dopo aver perso quel concerto. Ti piacciamo, vero? Pensiamo davvero che tu sia fantastico".

Stuart: "Dovrò farmi perdonare la prossima volta."

John: "Penso davvero che Sarah abbia un debole per te, ma non si sente ancora a suo agio a ricominciare a uscire con qualcuno. Devi tornare presto a uscire con noi, così potrà conoscerti meglio".

Stuart: "Potrebbe essere il caso."

La fonte del rinforzo negativo viene dalla mancata partecipazione a un'uscita di gruppo. Probabilmente John aveva dei secondi fini, mentre a Sarah non necessariamente piace Stuart, ma John sa che Stuart è single e solo, quindi continua a parlarne. Stuart, infine, vuole evitare di essere percepito come un idiota dai suoi nuovi amici e, al contempo, vuole conoscere meglio Sarah; in altre parole, vuole evitare i sentimenti negativi che gli vengono trasmessi da John.

Punti chiave

- La manipolazione occulta consiste nell'approfittare dello stato psicologico di qualcuno, dei suoi desideri e delle sue voglie, e nel reindirizzare questi elementi

- Gli esseri umani sono creature sociali e, in quanto tali, soggetti a condizionamenti sociali. Gli attacchi della reciprocità e della conformità sociale fanno entrambi leva sul nostro io tribale

- L'attacco psicologico ideale non ha bisogno di prendere di mira un sistema di credenze. Al contrario, fa appello alle emozioni, ai condizionamenti sociali o ai rinforzi negativi e positivi

- Il condizionamento classico funziona con organismi semplici come gli animali, ma non con l'uomo

- I rinforzi positivi e negativi si differenziano dal condizionamento classico. Essi possono influenzare il comportamento umano a lungo termine; invece di innescare determinati comportamenti introducendo stimoli, questi rinforzi modellano il comportamento sulla base di una serie di esperienze positive e negative

Elementi di azione

1.   Un attacco di manipolazione segreta perché abbia successo richiede la comprensione del contesto sociale in cui si colloca il nostro bersaglio. Dovremmo già averne una conoscenza approfondita, possedere un po' di informazioni sul suo background e aver compreso come fattori quali la reciprocità influenzino il contesto sociale più ampio in cui vive. Per ricevere, dobbiamo prima dare; più si dà, più potremo poi ricevere. Prendiamoci un po' di tempo per lavorare sull'aspetto della reciprocità. Facciamo un complimento, un favore o semplicemente rivolgiamoci a qualcuno di nuovo e osserviamo come il suo comportamento cambia in base ai nostri "doni". Come potremo costatare, alcune persone sono più inclini alla reciprocità rispetto ad altre (dipenderà dal contesto sociale, tra gli altri fattori)

2.   Il rinforzo positivo è un punto fermo di molte tecniche TCC. Esso serve a incoraggia il paziente a ripetere lo stesso comportamento, senza provare dolore o paura; se un certo comportamento risulta associato a paura e dolore, la TCC mira ad eliminarli con un'esposizione graduale. Pensiamo a come potremmo usare un rinforzo positivo per incoraggiare certi comportamenti in terze parti e buttiamo giù un brainstorming di almeno cinque modi diversi per incoraggiare determinati comportamenti presso un dato bersaglio.

3.   Il rinforzo negativo che non fa ricorso a punizioni può essere usato con pari efficacia. Proviamo a ipotizzare a quale tipo di emozione negativa siano più sensibili le persone e come potremmo sfruttarle a nostro favore. Se un soggetto è timido, non gli piacerà essere messo in imbarazzo pubblicamente e se anche solo gli si ricorda quanto sarà imbarazzante qualcosa, potrebbe bastare per farlo tirare indietro dal compiere una determinata azione. Cerchiamo di capire quali siano i traumi del nostro obiettivo e quali tipi di emozioni negative cercano di evitare.

Capitolo 3 - Mostrerò loro ciò che vogliono vedere - Carisma

La convinzione che solo alcune persone abbiano carisma o che si debba nascere con esso è semplicemente un mito. Una bugia è una forma di attacco psicologico in sé, perché le persone con scarsa autostima ci crederanno e per loro il carisma sarà una sorta di abilità aliena irraggiungibile con metodi terreni. In realtà, il carisma è semplicemente un'abilità che richiede pratica, come tutte le altre. L'essere affascinanti non è una questione di educazione sociale, classe, bellezza, ricchezza o personalità; essa è un'arte, come quella dell'inganno e della persuasione, e come ogni arte esistono molti modi per praticarla.

Se consideriamo il carisma come un altro strumento della psicologia oscura, si riprodurranno anche per esso le stesse dinamiche di aggressore e bersaglio.

L'aggressore deve indossare la maschera di una persona carismatica in modo che la vittima creda a qualsiasi cosa dica. Il carisma fa apparire naturalmente più intelligente, importante, autorevole e, in ultima analisi, più attraente, tutti tratti che servono a conquistare il bersaglio per poter poi indirizzarlo. Dietro ogni attacco psicologico oscuro riuscito, c'è una solida comprensione del carisma in gioco.

Se non si studia il carisma e non si impara ad usarlo correttamente, le possibilità di successo saranno fortemente ridotte. Le persone riconducibili alla triade oscura sono regolarmente descritte come carismatiche. Non è che narcisisti, psicopatici e machiavellici siano intrinsecamente più carismatici di altri; semplicemente sanno quello che le persone vogliono sentire e sono consapevoli che se giocano con queste parole possono aumentare l'efficacia dei loro trucchi psicologici.

Un cervello influenzabile

Il carisma è semplicemente una misura della gradevolezza di un individuo; in altre parole, si tratta di piacere alla persona con cui si interagisce, di solito grazie a un determinato uso delle parole. L'obiettivo è quello di far sentire l'altra parte bene con sé stessa senza risultare scontati. Prendere l'approccio del fucile da caccia e fare un complimento dopo l'altro non è carismatico; al contrario, verrà percepito come un gesto disperato. Il carisma è essere eleganti nel proprio agire, trasferire all'altra persona un naturale senso di fiducia. Non si può usare il carisma come se fosse forza bruta.

Le persone cercano negli altri quello che desiderano; ciò risulta vero sia con riferimento alle persone frequentate che nel contesto degli attacchi psicologici. Chi vuole costruire amicizie cerca immagini speculari di sé stesso o persone con cui condivide convinzioni e atteggiamenti. Se, poi, manca l'autostima, cercheranno qualcosa in più perché vorranno gravitare verso qualcuno che abbia capito tutto della vita, qualcuno che sia una versione migliore di loro stessi. Il nostro compito sarà quello di fare appello al loro cervello influenzabile.

Il carisma ha tre componenti principali: la cordialità, l'attenzione e l'influenza. Essere amichevoli e calorosi ci renderà più facili da avvicinare e farà star bene l'altra persona, mentre dimostrare che siamo attenti e buoni ascoltatori la farà sentire importante; mostrare di avere una certa influenza in ambito tecnico o sociale cementerà la nostra autorità.

Il tuo carisma di base

Il carisma si costruisce dal basso verso l'alto. Potremmo già possedere alcune qualità carismatiche senza saperlo: se siamo buoni ascoltatori o buoni amici, avremo già un vantaggio rispetto a molte persone. Forse sapete già che il carisma richiede lavoro poiché non si forma da un giorno all'altro; potete iniziare già da ora partendo con l'esaminare come vi comportate con gli altri. Non è il momento di essere timidi. Nel contesto di un attacco psicologico, otterremo migliori risultati se ci sentiremo sicuri di noi stessi. Anche se non lo siamo, dobbiamo fare in modo che il nostro bersaglio lo creda. L'autoinganno darà ottimi risultati in questo senso.

Cordialità

Essere amichevoli è la componente del carisma più facile da realizzare. Cordialità è rivolgere un sorriso, mantenere allegra la conversazione e usare un linguaggio del corpo aperto. Ricordiamoci di mantenere costantemente il contatto visivo e di distogliere lo sguardo solo in dati momenti. Usiamo i complimenti a seconda delle necessità, ma senza esagerare. Molte persone sono stanche di sentire le stesse cose da persone che la pensano allo stesso modo: più creativo o stravagante è un complimento, meglio è. Si creano legami più forti portando l'attenzione su caratteristiche e abitudini meno note.

Trasmettendo fiducia e, in generale, essendo gentili, si crea un senso di calore. Niente commenti ingiustificati o battute sull'altro; poniamo costantemente domande e non parliamo mai più della nostra controparte. Mettiamo il nostro bersaglio al centro della nostra attenzione e facciamo in modo che provi questa sensazione. Se necessario, mettiamolo sul piedistallo, come se fosse la persona più interessante del mondo.

Attenzione

Quando si tengono conversazioni in pubblico, teniamo il cellulare in tasca. Se abbiamo bisogno di distogliere lo sguardo, facciamolo e basta, ma in modo che sembri che stiamo sempre prestando attenzione all'altra persona. In realtà ascoltiamo quello che dice, ma non necessariamente perché siamo interessati a lei; piuttosto, stiamo cercando qualche punto debole da sfruttare. Parla della sua infanzia? Se no, poniamo domande a riguardo, sulla sua famiglia e sul suo rapporto con i genitori. Domande personali come queste spingono le persone a parlare e ci danno un'idea di chi sono.

Ricordiamoci tutto quello che ci dice, studiamo l'altra persona come se fosse un manoscritto. Poi, una volta terminata l'interazione iniziale, tiriamo fuori alcuni dei dettagli di cui ha parlato: sarà colpita dal fatto che non abbiamo scordato il nome del suo primo animale domestico, la sua città natale o qualche altro dettaglio a cui nessuno fa attenzione. Ricordiamoci a che hobby si dedica, che lavoro svolge e quali sono i suoi obiettivi.

Essere un buon ascoltatore significa lasciare che l'altra parte parli fino a quando non è il nostro turno, trattenendo il nostro giudizio finché l'interazione non è conclusa.

Avviciniamo il nostro bersaglio con una mente imparziale e aperta, anche quando dice qualcosa di sgradevole. Il nostro compito non è quello di apprezzarlo come persona, ma di fargli credere che sia piacevole.

Infine, assicuriamoci di comunicare all'altro quanto sia speciale, a prescindere che si tratti di complimenti per la sua capacità di lettura, la sua conoscenza politica o i suoi risultati accademici. Possiamo essere espliciti o impliciti nel farlo. Anche se l'intelligenza fa parte dell'essere carismatici, come vedremo nella prossima sezione, l'obiettivo non è quello di sembrare intelligenti, ma di far credere all'altra persona di esserlo.

Influenza

Influenza è avere un qualche tipo di potere, sia di natura tecnica che sociale. Mi viene in mente la parola "sofisticazione". Pensate a soggetti potenti come Elon Musk. Musk è intelligente, ha senso dell'umorismo e si è posto un obiettivo universalmente ben accetto: sviluppare il settore dell'automobile nella direzione dell'alimentazione elettrica. La maggior parte delle persone sarà d'accordo circa il fatto che Musk ha un'aura carismatica e delle capacità tecniche e sociali che gli altri possono solo sognare.

I tecnici, come gli ingegneri, gli scienziati e i commercianti, solitamente non sono considerati carismatici. Sono interessanti solo in virtù della loro intelligenza o della natura del loro lavoro, ma sono comunque interessanti. Alle persone piace sentirli parlare delle proprie capacità o di come queste consentano loro di influenzare il mondo o la società in una determinata direzione. Purtroppo, le capacità tecniche possono necessitare di anni per svilupparsi; se non le possediamo già, cercare di ottenerle a scopo di carisma è privo di senso. Le competenze sociali, invece, sono più alla portata dell'uomo medio.

Avere buone capacità sociali può significare molte cose: che siamo generalmente benvoluti, che siamo famosi, che proveniamo da una famiglia importante, che siamo ben conosciuti nel settore nel quale lavoriamo, o che siamo politicamente o socio-politicamente consapevole. In altre parole, siamo "colti", che è l'opposto di essere poco convincenti o rozzi. Quando la sofisticatezza sociale non viene naturale, è facile fingerla con l'autoinganno; la competenza tecnica, invece, non può essere falsificata.

Il tuo carisma di base è una funzione della tua capacità di mostrarti amichevole, attento e di essere influente. La maggior parte delle persone sarà più efficace in alcuni di questi aspetti e meno in altri; anche se avvertiamo che il nostro carisma è scarso, possiamo comunque provare ad essere carismatici ogni volta che diamo il via a un attacco psicologico.

Offensiva del fascino

Siamo ammaliatori, guadagniamo la fiducia del bersaglio e poi avviamo un attacco a nostra scelta. La buona riuscita di questo processo dipenderà da come ci avviciniamo alla nostra vittima e dal nostro livello di carisma. Un professionista esperto può stabilire istantaneamente una connessione con una determinata persona e abbattere le sue difese.

Una buona parte del nostro carisma viene dall'interno: dobbiamo assolutamente sentire la parte prima di poterla giocare. La fiducia che si manifesta all'esterno viene dalla fiducia che si prova all'interno. E se non c'è nulla di cui parlare, fingiamo, così da evitare che il nostro approccio risulti debole e che l'altra parte realizzi rapidamente le nostre intenzioni.

Trovare la vera fiducia in sé stessi è una questione complessa e merita un libro a sé; tuttavia, vi sono alcuni utili consigli generali a cui fare riferimento. La fiducia, così come il carisma, presentano uno spettro: puoi averne molta o poca; più ne abbiamo, maggiori saranno le possibilità di successo. E se dobbiamo ancora migliorare in questo senso, possiamo stupirci dal costatare quanto possiamo ancora realizzare analizzando quello che diciamo e quello che il nostro corpo comunica.

Offensiva della cordialità

Siamo gentili, ma non troppo; se esageriamo, sarà percepito come poco rassicurante. Cerchiamo di capire quali siano i nostri punti deboli in questo ambito: la timidezza, la paura della vergogna e/o dell'imbarazzo in pubblico si manifesteranno nel nostro linguaggio del corpo. Siamo sempre sicuri di ciò che state facendo; per essere percepiti come amichevoli e convincenti, dobbiamo sentirci sicuri dentro di noi. Ricordiamoci di tenere sempre una postura aperta: evitiamo di portare le spalle verso le orecchie o di incrociare le braccia, manteniamo sempre il petto ampio e la testa alta.

Se lo consideriamo come un gioco, qualsiasi situazione sociale può essere controllata in base ai nostri obiettivi. Dato che abbiamo un secondo fine, non dobbiamo preoccuparci della normale ansia di interagire con altre persone: abbiamo solo una missione da compiere e un bersaglio da sottomettere.

Essere amichevole significa anche lasciare che l'altra persona lo sia con noi. A volte cederemo il controllo della conversazione all'altra persona, interrompendola solo quando fa una pausa; se il nostro bersaglio vuole interromperci, lasciamoglielo fare. Questo gli darà la sensazione che la sua opinione sia importante.

Offensiva dell'attenzione

Prestare attenzione non significa solo avere una buona capacità di ascolto, ma anche porre un freno al nostro dialogo interno e al nostro flusso dei pensieri. Se lasciamo vagare la mente mentre l'altro parla, percepirà che non vogliamo ascoltarlo. La vera battaglia sarà tra lo stare attenti e il non cedere ai pensieri vaganti; è di vitale importanza mantenere sempre la concentrazione. Forziamoci a prestare attenzione, anche se dovesse voler dire lasciar vagare la mente e poi correggerci.

Possiamo dare all'altra persona dei piccoli segnali del fatto che stiamo effettivamente prestando attenzione: osserviamo i tratti del nostro viso e facciamo in modo di reagire a dettagli particolarmente salienti di ciò che l'altro ci sta dicendo. Non lasciamo che sia solo il nostro bersaglio a parlare. Sapere quando interrompere e quando è il nostro turno di intervenire richiede pratica.

Come linee guida generali, possiamo rifarci alla seguente procedura.

1. **Reagire:** mostriamo un po' di apprezzamento per quello che dice. Facciamo un cenno con la testa, alziamo le sopracciglia, pronunciamo un'esclamazione come "wow!", "non scherzo" o "davvero?", ma non interrompiamo il bersaglio

2. **Pausa:** Aspettiamo che finisca la frase. Dovremo prestare attenzione alla sua struttura della frase in modo da capire esattamente quando ha finito. Le persone non sempre parlano usando una grammatica corretta, ma ci sono sempre delle pause più lunghe. Aspettiamo un

attimo (tipicamente 1 o 2 secondi) per assicurarci che abbia terminato.

3. **Rispondere:** Ricominciamo a parlare solo se siamo sicuri che la loro frase sia finita. Rifacciamoci alla conversazione ponendo una domanda, facendo un complimento significativo, o cercando di stabilire un collegamento

Offensiva dell'influenza

Il nostro livello di influenza non è mai fisso, ma oscilla in base a ciò che il nostro obiettivo sa di noi. Mostriamogli quello che vuole vedere. Se riteniamo che un'affiliazione con un certo gruppo o un ideale politico funzioni a nostro favore, usiamolo; evitiamo di mentire sulla nostra competenza tecnica perché è facile da smentire. Leggiamo le notizie e, prima e dopo aver incontrato la persona in questione, facciamo ricerche su chi è, in modo da poter adattare la nostra influenza su di essa.

Punti chiave:

- Il carisma non è qualcosa con cui si nasce o meno

- Con sufficiente pratica, si può sfruttare il potere del carisma

- Il fascino apparente è influenzato dai tre fattori di cordialità, attenzione e influenza

- Un fascino apparente permetterà di lavorarsi i bersagli, abbasserà le loro difese e aumenterà la probabilità di manipolarli

- Le competenze tecniche richiedono anni per svilupparsi, mentre delle competenze sociali su misura per un obiettivo possono essere raggiunte molto più rapidamente

Elementi di azione

1. Valutiamo il nostro carisma attuale sulla base dei tre fattori della cordialità, attenzione e influenza e vediamo dove ci collochiamo all'interno del grafico sottostante.

2.

Livello	**Cordialità**	**Attenzione**	**Influenza**
Alto	Fa amicizia facilmente, è cordiale. Sa come divertirsi. Va d'accordo con un gran numero di persone. Capacità di nascondere il proprio stato mentale, a prescindere da quale sia e dalla situazione.	Ottima capacità di ascolto nella maggior parte delle situazioni. Sa quando parlare. Non trova il bisogno di fare movimenti, guardare il telefono o camminare.	Elevate competenze tecniche o sociali. Esperto di una nicchia specifica. Popolare. Parla liberamente delle passioni
Medio	Va d'accordo con la	Afferra la sostanza di	Di mentalità

	maggior parte delle persone, evita gli altri. Ha bisogno di ricordare a sé stesso di salutare gli altri, ma non ha problemi a farlo	quell oche le alter persone dicono, ma gli sfuggono I dettagli.	aperta, conosce alcune cose del mondo. Gruppo di amici intimi
Basso	Pochi amici, ha difficoltà a parlare con gli altri. Non saluta quasi mai le persone. Ha difficoltà a nascondere l'imbarazzo o il disagio.	Non presta attenzione a quello che gli altri stanno dicendo. Si tiene fuori dalla conversazione fino a quando non è il suo turno di parlare.	Si interessa solo a poche cose Poca o nessuna conoscenza tecnica. Ha pochi amici o contatti di lavoro

2. Pensiamo a come potremmo migliorare i nostri punti deboli. Nella maggior parte delle occasioni, cordialità e attenzione possono essere simulate. Per quanto riguarda le competenze sociali, è questione di adattare la nostra esperienza alle aspettative del nostro obiettivo. Il vantare conoscenze altolocate o famose può aiutare.

Capitolo 4 - Seguiranno un sentiero di menzogne - Inganno

Al centro della psicologia oscura c'è il desiderio o la necessità di sopraffare qualcuno, non con un mezzo fisico ma usando tecniche di manipolazione. A tal fine, niente serve a un potenziale aggressore più della menzogna e dell'inganno. In una situazione di crisi, l'inganno è un'arma non diversa dal coltello o dalla pistola. Le bugie, se posizionate strategicamente, funzionano come briciole di pane da seguire per il nostro bersaglio; se crede nel nostro inganno, potremo fargli fare quasi tutto.

Diffondere false voci, inventare storie e lanciare accuse nei confronti di terzi sono esempi di come si possa usare l'inganno nella psicologia oscura. Si tratta di tecniche diffuse anche in tutti i media e in molti discorsi. Le menzogne dilagano nella nostra società, che ci si voglia credere o meno.

Quando tutti hanno obiettivi da raggiungere, si può stare certi che li perseguiranno anche con l'inganno: i politici dicono bugie, le celebrità dicono bugie e online le persone mostrano solo un sé parziale (il che costituisce una forma di menzogna).

Come aggressori, le nostre bugie devono essere circondate da un alone di verità. Qualunque cosa diciamo, deve risultare abbastanza credibile da far sì che il nostro bersaglio la accetti senza fare domande. Non tutti sono creduloni o ingenui, anche se in molti casi sì. A volte le persone desiderano sentire solo quello che vogliono: sono incredibilmente facili da ingannare o fuorviare perché hanno un certo sistema di credenze. Altri trovano elementi di verità nei luoghi in cui desiderano vederla. Le persone in situazione di costrizione cercano sempre una soluzione ai loro problemi; con un po' di persuasione, potete convincerli di possedere la cura.

Ciarlatani, truffatori, praticanti di medicine alternative e una quantità infinita di soggetti simili sono costantemente alla ricerca di prede. In quanto aggressori psicologici oscuri, possiamo incontrare lo stesso tipo di persone che questi individui prendono di mira. Una buona capacità di "lettura" può permetterci individuarli anche dall'altra parte della stanza. Se si costruisce una bugia efficace, si può convincere chiunque: un bugiardo esperto ci dirà con una faccia seria qualcosa che non potrebbe essere più lontano dalla verità.

Gaslighting

Il famoso filosofo René Descartes diceva che, in un mondo pieno di incertezze, poteva essere sicuro solo della sua stessa esistenza. Credo, quindi sono. Che il cielo sia blu o che 2 + 2 = 4 non è evidente. E se il mondo funzionasse sulla base di menzogne? Forse il cielo è davvero verde; forse non c'è nessun cielo, ed è solo una proiezione olografica.

Qualunque sia la realtà del mondo che una persona accetta per vera, questa stessa persona è partita da uno stato di ignoranza. Da quando nasciamo, sappiamo che il cielo ha le caratteristiche del blu; poi ci viene introdotto il colore blu come una determinata tonalità; infine, confermiamo questo dato di fatto e accettiamo che il cielo è blu.

Il gaslighting è una tecnica utilizzata per interrompere il passaggio dall'ignoranza al fatto accettato e mantenere il bersaglio in una condizione di necessità di conoscenza. L'esistenza di una serie di possibilità alternative porterà la vittima a chiedersi cosa sia vero. Senza prove solide, ad esempio, un aggressore può rielaborare ciò che è accaduto e far credere all'altra parte che ciò che ha visto era sbagliato.

Per alterare la realtà a proprio piacimento, l'aggressore deve prima abbattere il sistema di credenze della vittima; negare, alterare i fatti, deviare e minimizzare sono tutte tecniche possibili.

Aggressore: "Ti stai sbagliando, abbiamo lasciato la casa dopo le 19. Non avremmo potuto fare in tempo, non è colpa nostra".

Vittima: "Non ricordo che fossero le 19".

Aggressore: "Ricordo chiaramente di aver controllato il mio telefono alla festa, erano le 19:42 quando ci siamo seduti a bere una birra. Stai delirando".

Questo scambio si basa su una solida base di fatti e viene facilmente respinto (dicendo che l'altro sta delirando). La vittima non può presentare alcuna prova del contrario, mentre l'aggressore insiste nel dire che si ricorda l'ora.

Aggressore: "La tua famiglia è veramente ridicola, lo sai?"

Vittima: "Si stanno solo preoccupando per me."

Aggressore: "No, non è vero. Tua madre è gelosa del fatto che tu esca con qualcuno e tuo fratello non vuole che tu te ne vada perché poi dovrà pagare di più l'affitto".

Aggressore: "Non vogliono vederci insieme, tutto qui".

Isolare la vittima dai suoi amici, dalla famiglia e dal mondo intero è un obiettivo frequente della manipolazione basata sull'inganno. In questo caso, alla vittima viene fatto credere che il rapporto tra lei e l'aggressore sia speciale, quando in realtà può essere abusivo.

Vittima: "Mi fai sempre questo! Non pensavo che mi avresti umiliato così davanti ai miei amici".

Aggressore: "Calmati! Era solo un piccolo scherzo. Tutti l'hanno trovato fantastico.

Vittima: "Non mi è piaciuto."

Aggressore: "Sei troppo sensibile. Seriamente, non è stato nulla di che. Bisogna imparare a ridere di sé stessi ogni tanto".

Un altro obiettivo del gaslighting è minimizzare la situazione: facendo sembrare normale ogni tipo di abuso (in questo caso, un leggero abuso emotivo), la vittima ha meno probabilità di fare qualcosa a riguardo. Nel corso del tempo, minimizzazioni insignificanti come questa possono portare all'abuso o al controllo totale. Anche qui la vittima viene isolata dal gruppo di amici attraverso l'umiliazione.

Aggressore: "Ascoltami molto attentamente. Ho bisogno che tu mi dia 1.000 euro, o sono fregato".

Vittima: "Cosa sta succedendo?"

Aggressore: "Ti fidi di me? Non posso dirti in che situazione mi trovo. Me ne servono solo 1.000".

Vittima: "Perché non puoi dirmelo?"

Aggressore: "Non voglio che ti preoccupi per me. Ti fidi di me, vero?"

Vittima: "Ma perché ne hai bisogno?"

Aggressore: "Guarda, sono nei guai. Ok? Mi aiuterai o no? Non posso credere che non ti fidi di me dopo che ci conosciamo da così tanto tempo. Dopo tutto quello che ho fatto per te? Ti ripagherò dopo aver ricevuto lo stipendio tra due settimane".

Il manipolatore può anche perpetrare un attacco emotivo come nell'esempio appena presentato. La questione è la fiducia, a cui la vittima attribuisce grande valore e si sente attaccata dato quanto sta accadendo. Non rivelando i dettagli del prestito, l'aggressore usa anche l'inganno nei confronti della vittima. L'aggressore vuole dare l'impressione di trovarsi in guai seri, ma di vergognarsi troppo di ammettere quale sia il problema; in realtà, forse stanno solo cercando di fare un po' di soldi facili. Nascondere la verità non è diverso dal mentire.

Cavalcando il senso di colpa

Il senso di colpa è una delle emozioni più forti che una persona può provare in relazione all'essere manipolata; è seconda, forse, solo alla paura. Il senso di colpa è un'emozione curiosa perché si interseca con tutto ciò che di buono esiste nelle relazioni interpersonali. I sentimenti d'amore sono eclissati dal senso di colpa quando, per esempio, una parte è più ricca dell'altra: il partner più benestante si sente in obbligo di dare un aiuto finanziario all'altro e, di conseguenza, diventa più facilmente manipolabile da parte dell'altro.

Il gaslighting e le altre forme di inganno sono più efficaci quando si accompagnano a un attacco basato sul senso di colpa.

Aggressore: "Puoi aiutarmi amico? La mia auto è stata sequestrata. Il luogo del sequestro è a pochi chilometri da qui. Ho solo bisogno di aiuto con un taxi o qualcosa del genere; neanche l'autobus ci arriva".

Vittima: "Quanto ti serve?"

Aggressore: "Quanto vuoi. Intendo dire, è dura in questo momento. Anche tu frequenti questa università? Ho vissuto nella mia auto per tutto il semestre, dentro ci sono tutti i miei abiti da lavoro e tutto il mio materiale scolastico".

Vittima: "Credo di avere un 20."

Aggressore: "Grazie mille, amico. Senti, io lavoro alla Wells Fargo del campus la mattina. Presto, tipo verso le 7 o le 8. Se vieni domani mattina, ti restituirò i soldi. Chiedi di Jeff".

L'aggressore, ovviamente, non ha alcuna intenzione di restituire i soldi, la sua auto non è stata sequestrata e non è uno studente dell'università; se la vittima andrà in banca il giorno dopo, non troverà Jeff (che probabilmente è un nome inventato). Ma, poiché lo studente (la vittima) ha percepito di stare meglio della loro controparte in difficoltà che viveva nell'auto, ha sentito il bisogno di aiutarla.

Si noti che l'aggressore non indica mai un importo monetario; chiede semplicemente aiuto, qualunque cosa questo possa significare. La vittima avrebbe potuto facilmente offrirsi di accompagnare l'uomo al luogo del sequestro (supponiamo che il bersaglio non abbia un'auto e che stia aspettando alla fermata dell'autobus); invece ha fatto ricorso alle proprie tasche perché era l'unico modo che aveva per aiutare.

Esca e scambio

Un venditore potrebbe pubblicizzare che sta proponendo un nuovo prodotto (diciamo un telefono) con molte nuove caratteristiche che non si possono trovare in altri oggetti della stessa categoria e anche relativamente economico rispetto ai prodotti concorrenti. Ma quando si va al negozio, il telefono non è più disponibile. Il venditore però, è in grado di venderci un prodotto alternativo con molte delle caratteristiche del prodotto che cercavamo e per un prezzo uguale o inferiore. Il telefono che volevamo era l'esca, e il nuovo prodotto lo scambio. Allo stesso modo, le società immobiliari a volte pubblicizzano case belle a buoni prezzi pur avendole già vendute.

Un manipolatore può usare la stessa tattica per "abbassare le aspettative della vittima". Per esempio, un capo che dice che sono possibili promozioni in base alle vendite, aumenterà il lavoro dei suoi sottoposti in modo da farli lavorare il doppio. Alla fine, però, ne premierà solo alcuni dicendo che le promozioni non sono più tutte disponibili, oppure che esistono altre posizioni, ma la retribuzione è inferiore alle promozioni inizialmente presentate. Alla fine, l'azienda avrà beneficiato di un aumento delle vendite grazie all'aumento della produttività dei lavoratori, ma non tutti i dipendenti vedranno una promozione.

In questi casi, il non fornire informazioni è cruciale per il successo dell'attacco; se sorgono sospetti, è necessario affrontarli prima di proseguire.

L'esca e l'elemento di scambio possono essere usati in qualsiasi modo. Idealmente, l'esca è qualcosa che la vittima non può rifiutare; quando verrà presentato l'elemento di scambio, aggressore e vittima si sistemeranno.

Aggressore: "Vuoi 1.500 euro?

Vittima: "Cosa, perché?"

Aggressore: "Sei mio amico da molto tempo, voglio solo mostrarti il mio apprezzamento. L'amicizia è importante, il denaro no".

Vittima: "Sono un sacco di soldi."

Aggressore: "Circa un mese di stipendio medio. Guadagno quasi dieci volte tanto; non è niente, davvero".

Vittima: "Certo, mi farebbero comodo 1.500 dollari."

Aggressore: "Sai cosa ti dico? Usciamo a cena o qualcosa del genere e dopo ti manderò i soldi".

Quello sopra illustrato è un classico esempio di esca e scambio. I 1.500 euro probabilmente non arriveranno mai; all'ultimo istante, l'aggressore dirotterà la questione su qualcos'altro, offrendo una somma minore o dimenticandosi l'intera faccenda. E anche la vittima non potrà dire molto, perché non è nella posizione di chiedere favori. Dopotutto, era l'avidità a spingerla ad accettare il denaro; questo è un elemento di cui l'aggressore potrà approfittarsi ulteriormente.

Punti chiave

- L'inganno è uno degli strumenti essenziali della psicologia oscura

- Una bugia convincente è una bugia basata su un supporto argomentativo o emotivo che la fa apparire vera

- Non dire interamente come stanno le cose o non rivelare le proprie vere intenzioni è una forma di inganno, anche se tecnicamente non è stata pronunciata alcuna bugia

- Gli attacchi basati sul senso di colpa sono particolarmente efficaci

Elementi d'azione

1.   C'è un detto secondo il quale il lupo perde il pelo ma non il vizio. Esso fa riferimento alla convinzione secondo la quale il carattere umano è dato e non può essere cambiato neanche nel lungo periodo. Un detto del genere vale sicuramente per gli psicopatici, che sono scarsamente interessati a cambiare quello che sono; possono sicuramente mostrare una facciata o una copertura, ma la loro natura rimane la stessa: manipolativa, meschina e disinteressata.

Per imparare a mentire in modo efficace, dobbiamo conoscerci. Quali sono i nostri punti deboli? A cosa va la nostra devozione? Qual è il nostro codice etico (se ne abbiamo uno)?

Prendiamoci un giorno per rifletterci. Chiediamo alle persone qual è la loro percezione di noi e quali sono i nostri "punti deboli": dal feedback che riceveremo, potremo pensare a eventuali modi per mascherare il nostro vero io. La nostra personalità è fluida o fissa? Le persone si fidano di noi? Ci fidiamo degli altri?

Inganno significa che dobbiamo sempre operare sotto una maschera. Indossiamo la maschera e facciamo credere agli altri che siamo veramente noi. Se ci avviciniamo a una bugia che proviene dal nostro vero io, rischiamo di essere scoperti.

2.   Il linguaggio del corpo di un bugiardo a volte può rivelare le sue intenzioni. La menzogna è un fenomeno psicologico che influenza direttamente l'attività del corpo (ad esempio, aumento della frequenza cardiaca, palpitazioni e sudorazione). L'unico modo per scoprire se si è bravi nel mentire è provarci nel tempo in modo casuale: vediamo se altre persone colgono i nostri segnali quando mentiamo su cose stupide, come quello che abbiamo mangiato a pranzo. Se lo desideriamo, aumentiamo l'intensità della bugia nel tempo.

Se non ci riusciamo, o se non vogliamo mentire a caso, evitiamo di usare la menzogna nella nostra tattica dell'inganno. Mentire direttamente in faccia a qualcuno aumenterà la nostra risposta corporea alla bugia; optiamo, invece, per menzogne basate sulla distrazione e sul nascondere la verità. Raccontare una bugia ci fa sudare, ma così non stiamo davvero mentendo.

3. Il rapimento e l'abuso di Colleen Stan si caratterizzarono per una forma estrema di gaslighting. Le fu fatto credere che un'organizzazione ce l'avesse con la sua famiglia e lei non aveva modo di contestarlo. Dopo un po', arrivò a convincersi che fosse vero. Nella maggior parte dei casi, il gaslighting non viene portato a questi estremi.

Per capire meglio come potrebbe funzionare un attacco tramite gaslighting, proviamo a operarlo su noi stessi. Concentriamoci sui piccoli aspetti insignificanti della nostra vita piuttosto che su quelli seri e la prossima volta che siamo arrabbiati, tristi o depressi cerchiamo di deviare l'emozione verso qualcos'altro. Forse il cane ha fatto la cacca sul divano, ma non è un comportamento normale per un animale? Non bisognerebbe aspettarsi rabbia e disgusto? Potremmo rimanere stupiti da come il gaslighting funziona bene quale tecnica di disarmo emotivo.

Capitolo 5 - Faranno come dico io - Lavaggio del cervello

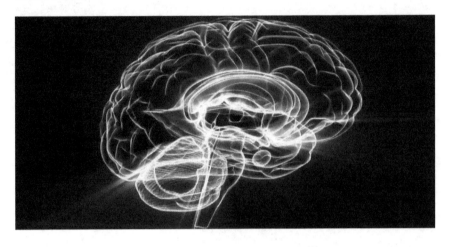

Si è parlato molto del lavaggio del cervello, dalle sue applicazioni nelle forze armate al suo utilizzo nei film di fantascienza. La verità sta da qualche parte nel mezzo. Il lavaggio del cervello è arrivato per la prima volta a conoscenza dell'opinione pubblica durante la guerra di Corea, quando un gruppo di soldati americani fu catturato e poi, secondo quanto riferito, sottoposto al lavaggio del cervello. Milioni di persone guardavano con orrore la TV mentre i soldati americani denunciavano il loro paese e rifiutavano di essere salvati. Molti ipotizzarono che il lavaggio del cervello fosse stato fatto usando tecniche orientali antiche, ma in realtà gli uomini furono probabilmente solo torturati. Quando furono esaminati dopo il loro rilascio, furono riscontrati tutti i sintomi tradizionali del PTSD, ma nessuna prova di lavaggio del cervello.

Ciò di cui i soldati soffrivano era una combinazione di trauma e paura condizionata; eppure, aveva tutte le caratteristiche di quello che oggi consideriamo un lavaggio del cervello.

Dopo la guerra, il governo degli Stati Uniti avviò un programma di ricerca segreto, chiamato MK ULTRA, che durò circa un decennio. Nel 1973, l'applicazione della legge americana sulla libertà d'informazione portò alla pubblicazione di centinaia di documenti relativi al programma, nei quali si parlava di come il governo facesse esperimenti utilizzando l'LSD, l'ipnosi e altre tecniche di lavaggio del cervello. I soggetti di studio andavano dai soldati ai tossicodipendenti e alle prostitute. Il MK ULTRA ignorava sistematicamente i diritti fondamentali della sperimentazione umana e all'epoca fu un vero e proprio scandalo.

Non si sa se il governo degli Stati Uniti abbia scoperto una tecnica definitiva per il lavaggio del cervello. Tuttavia, abbiamo ragione di credere che il lavaggio del cervello, a qualsiasi titolo, sia certamente possibile e che fu usato almeno dal XX secolo. La questione non è se il lavaggio del cervello sia possibile, ma cosa comporti e come si rapporta alle altre tecniche utilizzate. Qual è la differenza, se c'è, tra il lavaggio del cervello e la propaganda? O tra il lavaggio del cervello e l'indottrinamento religioso? In tutti questi casi, la vittima può agire in un certo modo che soddisfa un obiettivo più ampio. Nel periodo della guerra fredda, ad esempio, negli Stati Uniti si verificò una sorta di isteria di massa nei confronti del comunismo: i cittadini comuni furono portati a odiare l'ideologia straniera del comunismo, un sentimento che esiste ancora oggi.

Poi ci sono casi come quello di Patty Hearst, una donna rapita nel 1974 da un gruppo terroristico che si faceva chiamare Esercito di Liberazione Simbionese. Quando fu sottratta si suoi rapitori, era ricercata per diversi crimini. C'è una famosa registrazione di lei e di altri membri dell'ELS mentre effettuavano una rapina a mano armata in una banca. Seguì un dibattito pubblico circa il fatto che Patty fosse una vera criminale o un'involontaria partecipante a un crimine. Si parlò anche dell'ipotesi che le fosse stato fatto il lavaggio del cervello da parte dell'ELS, similmente a come oggi giovani arabi sono radicalizzati da gruppi terroristici islamici.

Per qualche ragione, siamo più portati ad accattare la "radicalizzazione" piuttosto che il "lavaggio del cervello". Entrambi sono connessi allo stesso fenomeno generale, ovvero una forma estrema di spersonalizzazione che si traduce in un radicale cambiamento di comportamento.

Il cervello "da culto"

Perché mai centinaia di persone dovrebbero bere di loro volontà della Kool-Aid contenente cianuro? Perché le stesse persone sarebbero pronte a costringere anche i loro figli a farlo? La risposta risiede probabilmente in una combinazione di lavaggio del cervello, inganno e semplice coercizione. I seguaci di culti tendono ad avere un profilo psicologico tra loro simile: è una miscela mortale di impotenza, credulità e fiducia. In un certo senso, il cervello "da culto" è già pronto per l'indottrinamento. Nulla nel cervello di un adepto gli dice che quello che sta facendo è sbagliato; sommatelo all'apparente fascino dei leader delle sette e alla loro falsa buona volontà nei confronti del prossimo e otterremo una situazione di estremo disorientamento. Ogni volta che il leader della setta si scaglia contro qualcuno o lo punisce, viene accettato. I seguaci hanno una visione talmente utopica del loro leader da non rendersi conto che in realtà è uno psicopatico.Il lavaggio del cervello "da culto" è forse l'applicazione finale delle tecniche della psicologia oscura. Tutto, dal carisma, alla manipolazione, all'inganno, viene usato per intrappolare i seguaci. Dovremmo considerarli come persone a cui è stato fatto il lavaggio del cervello? Assolutamente sì! E si sono trovati in questa situazione perché rispondevano a un certo profilo psicologico e un malintenzionato ha deciso di approfittarne. Non c'è davvero nessuna magia; non c'è bisogno di un'antica tecnica orientale, qualora esistesse. La tortura e la violenza vanno di pari passo, ma non sono nemmeno necessarie. Basta il profilo psicologico giusto e la volontà di potere.

Lavaggio del cervello, abusi e sindrome di Stoccolma

La tecnica psicologica oscura dell'utilizzo del condizionamento operante (rinforzo positivo e negativo) è spesso paragonata al lavaggio del cervello; in essa, il comportamento della vittima è modellato attraverso una serie di ricompense e punizioni. Anche in questo caso, non c'è nulla di mistico o fantascientifico nel far salivare un cane al suono di una campana (come negli esperimenti di Pavlov), ma il risultato finale è qualcosa di simile a quello che viene comunemente descritto come lavaggio del cervello.

Ora, in questo quadro, c'è la possibilità che la vittima sia "coinvolta". Le persone che conoscevano Patty Hearst dissero che era gentile e di buon cuore, non avrebbero mai potuto immaginare che fosse capace di terrorismo. Così, quando le audiocassette di Hearst che ammetteva di aver aderito all'ELS furono fatte sentire in TV, i suoi amici e familiari più stretti non ebbero dubbi nel ritenere che si fosse trattato di una qualche forma di lavaggio del cervello. Come per i soldati catturati durante la guerra di Corea, Hearst era stata probabilmente sottoposta a tortura; in seguito, ammise che l'ELS aveva abusato sessualmente di lei e, secondo le sue parole, le aveva "fatto il lavaggio del cervello".

Secondo altri punti di vista, il comportamento di Patty Hearst potrebbe essere stato il risultato della Sindrome di Stoccolma, ovvero lo stabilirsi di una relazione positiva tra l'ostaggio e i propri rapitori. Patty Hearst mostrò tutti i segni e i sintomi della Sindrome di Stoccolma, tra cui la denuncia della sua stessa famiglia e l'allineamento del suo sistema di credenze con quello dell'ELS. Ci si può solo chiedere perché Patty Hearst agì in questo modo e, addirittura, nella confusione adottò un nome diverso. Assumere una personalità differente è una tecnica di denazionalizzazione comune.

Forse Patty Hearst stava semplicemente cercando di sopravvivere nonostante la situazione di costrizione. Alla fine, la sua condizione di ostaggio le concesse di ottenere l'indulto presidenziale da parte di Bill Clinton

Una ricetta per il lavaggio del cervello

Una potenziale formula per il lavaggio del cervello di un individuo (controllando il suo comportamento) può essere ottenuta utilizzando tecniche psicologiche oscure. Il primo e forse più importante passo è quello di selezionare un bersaglio che risponde al profilo psicologico, ad esempio una persona che possiede un cervello "da culto". Se l'obiettivo non ha questa caratteristica, qualsiasi tentativo di lavaggio del cervello con questa formula fallirà. Il cervello "da culto" può essere acquisito o intrinseco. Molti dei segni distintivi del cervello "da culto" sono semplicemente meccanismi di difesa da traumi precedenti.

Depersonalizzazione

Il primo passo è quello di scomporre poco a poco la personalità del bersaglio. Le tecniche di gaslighting possono essere usate per attaccare il suo senso di sé e il suo sistema di credenze. Cambiare il nome del bersaglio o insistere sull'uso di un soprannome spesso aiuta; allo stesso tempo, la vittima deve avvertire un elevato senso di dipendenza. Nel corso del tempo, deve essere isolata dai suoi gruppi di sostegno più prossimi e dai membri della sua famiglia. Il gaslighting e altre forme di inganno possono arrivare contrapporre la vittima a tali gruppi di sostegno. I contrasti all'interno di questi gruppi (reali o immaginari che siano) allontanerà il bersaglio, che cercherà la salvezza altrove, come nelle braccia dell'aggressore.

Acclimatazione

Una vittima depersonalizzata non si oppone: non si oppone quando le vengono fornite finte verità ed è disposta ad accettare qualsiasi nuova identità creata per lei. Durante la fase di acclimatazione, la vittima richiederà più attenzione da parte del manipolatore. Il lavaggio del cervello, in questo senso, non è una strada semplice e richiede dedizione per un certo numero di settimane o mesi.

L'acclimatazione è completata quando il bersaglio non è più il suo vecchio sé. Nel caso di Patty Hearst, questa fase corrispose alla registrazione delle audiocassette di denuncia della famiglia. L'acclimatazione può manifestarsi come rifiuto di credenze diffuse quali la religione e le dottrine nazionalistiche, una denuncia delle idee e del sistema di credenze comuni del bersaglio. Se non si sa quali siano, allora non è possibile valutare il suo livello di acclimatazione.

Condizionamento

Dopo la fase di acclimatazione, la vittima si trova in uno stato molto vulnerabile: sta rifiutando cose che per lei prima erano sacre e si sta lentamente reinventando, sotto la guida attenta del suo manipolatore. Quest'ultimo non deve far altro che condizionare il comportamento del bersaglio nella direzione desiderata.

Un rinforzo positivo si traduce in soggetti più complici. La vittima è ricompensata per le sue azioni, sia in forma di attenzioni, che di denaro, potere, gratificazione sensuale, amore, o qualsiasi altra cosa di cui senta il bisogno. Un rinforzo positivo crea relazioni di fiducia tra il manipolato e il manipolatore; tuttavia, non sempre funziona. Il bersaglio è motivato principalmente dai suoi bisogni; una volta che questi sono ragionevolmente soddisfatti, avrà poca motivazione ad assumersi dei rischi.

Un rinforzo negativo è più efficace ma più crudele. Può consistere in abusi emotivi, fisici e in tutto ciò che è sufficientemente punitivo. Un rinforzo negativo è come mettere il soggetto tra l'incudine e il martello. La fonte della punizione è solitamente il manipolatore, ma è anche possibile costruire una situazione in cui la punizione proviene da una fonte esterna o interiorizzata.

Una volta che le tre fasi sono completate, il soggetto è così diverso dal suo vecchio sé da non riconoscere le proprie azioni. Se il lavaggio del cervello fosse stato fatto correttamente, il cambiamento dovrebbe essere notevole come un ragazzino delle medie quando passa al liceo e dal liceo all'università. In ognuna di queste fasi, c'è un cambiamento radicale nella maturità e nel sistema di credenze dello studente.

Ipnosi

Nei libri e in televisione si fantastica spesso intorno all'ipnosi. Tale tecnica deve le sue origini alla convinzione che tutti gli esseri umani e gli animali fossero controllati da una forza chiamata "magnetismo animale" e che proprio come il magnetismo tradizionale, anche questo potesse essere manipolato usando una qualche forma di forza magnetica. Il padre dell'ipnosi, Franz Mesmer, portò alla nascita del termine "mesmerismo"; egli praticava un tipo di ipnosi consistente in movimenti delle mani così compiere "passaggi mesmerici".

Allora era ampiamente rifiutata l'idea che l'ipnosi potesse avere qualcosa a che fare con forze misteriose; la conclusione maggiormente condivisa era che questi fenomeni fossero causati dall'effetto placebo e che i partecipanti avessero una ricca immaginazione. L'ipnosi è usata nella pratica clinica per aiutare gli psicoterapeuti a sbloccare i ricordi soppressi nei loro pazienti attraverso il potere dell'autosuggestione.

Normalmente l'ipnoterapia richiede anni di studio. Un ipnotizzatore esperto può indurre uno stato di trance nei loro pazienti che si trovano in uno stato tra la coscienza e il sonno REM. Nella fase di trance ipnotica, i pazienti sono sensibili al potere della suggestione, che l'ipnotizzatore può sfruttare per il suo obiettivo. Attraverso l'uso di certe parole o frasi, l'ipnotizzatore può far sorgere certi pensieri o compiere certe azioni al paziente. Le connessioni che il paziente fa, sono in gran parte a livello subconscio.

È un mito la convinzione che i soggetti in trance ipnotica non possano agire contro il loro codice morale o che abbiano una "scelta" in materia. Se l'ipnotizzatore è abbastanza abile, può raggiungere il controllo totale della volontà del bersaglio. È evidente quando un criminale comanda alle sue vittime, e loro obbediscono: una cassiera che apre il registratore di cassa e prende le banconote è in una specie di trance, in parte motivata da una forza mortale (se presente) e in parte dai comandi del rapinatore.

Sarà più facile indurre uno stato di trance in alcune persone piuttosto che in altre. Chi non è al corrente di essere sottoposto a un tentativo di ipnosi, sarà più difficile da ipnotizzare. Il bersaglio deve essere il più possibile rilassato; un leggero eccitamento dovuto a bevande alcoliche o farmaci può aiutare. La sua attenzione deve essere totalmente fissata su di noi o su qualche nostro aspetto. Il più facile è la vista. Se riesce a fissare i nostri occhi per un periodo prolungato, allora lo avremo proprio dove volevamo.

Successivamente, incoraggiatelo a rilassare il corpo se percepiamo che è rigido.

Non tocchiamolo però in nessun punto, a meno che non vogliamo interrompere la trance. Se avete mai studiato o vi siete dilettati nella meditazione consapevole, saprete come aiutarlo.

Conferiamo autorità alla nostra voce e parliamo lentamente e profondamente. Cerchiamo di fare quanto possibile per rilassare l'altro.

"Leggiamo" attivamente il linguaggio del corpo per vedere come reagisce: se è rigido come un tronco, non cerchiamo di continuare; se è rilassato, proseguiamo.

Il potere della suggestione inizia ad agire quando il soggetto è completamente rilassato. La manipolazione avviene parlando con lui, portando lentamente l'attenzione su ciò che vogliamo che faccia, provi o pensi; in realtà, non gli si dirà *cosa fare*, ma ci si limiterà a suggerire *ciò che dovrebbe fare*.

"A volte accadono cose brutte. Non possiamo controllarle, ma possiamo comunque cercare di essere felici".

"I tuoi amici possono essere davvero egoisti. Non pensi che siano troppo iperprotettivi? Sono solo capaci di essere arrabbiati con tutti ".

Il bello delle trance ipnotiche è che l'altra parte è solo parzialmente consapevole di quello che sta succedendo. È come se stesse guidando verso casa per la millesima volta. Non ricorda i dettagli specifici di ciò che è successo, ma i sentimenti che le abbiamo trasmesso attraverso la suggestione non svaniscono.

Punti chiave

- Non c'è nulla di intrinsecamente speciale nel lavaggio del cervello. È semplicemente uno stato creato da un manipolatore, date le giuste condizioni

- Trovare il giusto profilo psicologico per il lavaggio del cervello è importante ai fini dell'efficacia

- Un cervello "da culto" è facile da depersonalizzare, sottoporre al lavaggio del cervello e poi manipolare formando un senso di comunità o di seguito

- Una qualche forma di lavaggio del cervello può essere facilitata attraverso una semplice applicazione di tecniche di condizionamento operante e di gaslighting

- Gli individui possono cambiare la loro personalità e i loro sistemi di credenza attraverso un lavaggio del cervello mirato

Elementi d'azione

1.   Studiamo il caso di Patricia (Patty) Hearst e decidiamo se le fu fatto il lavaggio del cervello. Le registrazioni audio del suo indottrinamento sono facilmente reperibili online, così come i procedimenti giudiziari e gli interrogatori che ebbero luogo dopo il periodo trascorso in prigione. Patty Hearst sosteneva di aver subito il lavaggio del cervello e di aver sofferto della sindrome di Stoccolma; fu la giustificazione fornita dal suo avvocato, ma non convinse il giudice della sua innocenza.

2.   La depersonalizzazione è un processo assai reale e spaventoso; non dovrebbe essere usata con leggerezza. Per praticare questa tecnica riducendo al minimo i danni potenziali, concentriamoci su cose che potremmo dire, ma non facciamolo davvero a meno che non siamo pronti a premere il grilletto. Impariamo a conoscere le persone, i loro sistemi di credenza e le loro opinioni. Formiamo un profilo psicologico di una o più persone e immaginiamo per ognuna una sessione di gaslighting in cui abbattiamo questi sistemi di credenza. Ricordiamoci che quello che dobbiamo fare è portare il soggetto a mettere in discussione sé stesso, non dobbiamo smentirlo.

Capitolo 6 - Difesa contro le arti oscure

Data la prevalenza della psicopatia (circa l'1% della popolazione generale, fino al 20% dei detenuti) e delle persone che rientrano nella triade oscura, vale la pena imparare a difendersi dagli attacchi psicologici oscuri. Ricordiamoci che anche persone che non fanno parte della triade oscura possono comunque cercare di manipolarci, soprattutto truffatori e altri individui che vogliono soldi facili. La manipolazione gioca un ruolo importante anche nel rapporto interpersonale. Uno dei due partner può cercare di manipolare l'altro costantemente, ma di solito in modo innocuo; tuttavia, quando questa manipolazione diventa dannosa, conoscerne i segni e il da farsi può salvarci da un trauma emotivo non necessario.

Se avete letto fino a questo punto, avete già una buona idea di come si svolgono gli attacchi psicologici oscuri. Sapete come iniziare un attacco e quali sono le persone che hanno più probabilità di essere prese di mira.

Forse sei una di queste persone con un profilo psicologico debole; o, peggio ancora, credi di avere un profilo forte quando in realtà un trauma non diagnosticato lo rende debole. In ogni caso, si può imparare a difendersi.

Difendersi da questi attacchi è un'abilità inestimabile nel mondo reale e ha applicazioni praticamente in ogni aspetto della vita quotidiana. Dal momento che chiunque si incontra è un potenziale aggressore, è necessario sapere quando stare sulla difensiva e quando rilassarsi. Queste abilità possono aiutarci a gestire un rapporto tossico, una brutta situazione sul posto di lavoro, o semplicemente i crudeli giochi mentali a cui le persone si sottopongono l'un l'altra. Inoltre, non è necessario partecipare al desiderio di sopraffazione per sapere come difendersi.

E non facciamo errori, ad un certo punto della vita dovremo usare queste capacità. Potrebbero aiutarci a comprendere meglio le persone che vi sono vicine, soprattutto quando sorgono dei problemi e in periodi di crisi: questioni di eredità, il trattamento medico di genitori malati e di familiari con gravi malattie. Tutte queste situazioni hanno il potere di temi centrale. E ogni volta che si tratta di potere, c'è la possibilità di abusarne; c'è sempre qualcuno che complotta per sottometterci. E la parte triste è che questo non fa necessariamente di tali individui persone cattive, ma semplicemente li rende umani (a meno che non siano malvagi o psicopatici borderline).

La buona notizia è che la difesa contro le arti oscure è molto più facile che praticare le arti oscure. Non c'è alcun rischio nel difendersi e farlo con successo può anche essere semplicemente una questione di andarsene. L'aggressore non può dire altrettanto, con il suo machiavellismo che richiede sempre più attenzione ai dettagli e una pianificazione meticolosa.

Identificare una minaccia

Dovremmo familiarizzare intimamente con la triade oscura attraverso persone che mostrano comportamenti da triade oscura. Questo va oltre il semplice dire che qualcuno ha il profilo di un pericoloso criminale o che ha poca considerazione per la vita umana. Una persona che conosci che guida sistematicamente come un folle e che passa col rosso può corrispondere a questa descrizione, come pure accade per chi guida dopo aver bevuto. Tuttavia, questi comportamenti non li inseriscono automaticamente nella triade oscura; similmente, il comportamento opposto - civilizzato e benevolo – non significa con certezza che una persona non abbia problemi o tendenze psicopatiche.

Le minacce di solito sorgono quando qualcuno vicino a noi inizia a comportarsi in modo diverso o quando persone che abbiamo conosciuto da poco cominciano a chiederci cose strane. La minaccia può provenire anche da colleghi di lavoro, compagni di studio e figure di autorità. Sapete già che caratteristiche ha la psicologia oscura e perché esiste nelle persone, ma non è facile identificare gli attacchi quando sono in corso perché l'aggressore farà del suo meglio per nascondere le sue vere intenzioni.

Rischio da relazioni interpersonali

Una minaccia che nasce dalla nostra cerchia ristretta può causare un trauma emotivo; se lasciata senza controllo, la minaccia può degenerare in abuso o in perdite monetarie. Le persone più vicine a noi dispongono in ultima analisi di un maggior numero di informazioni su di noi: sapranno quali sono i nostri desideri e come manipolarli. A differenza dello sconosciuto per strada, una persona a noi vicina ha un nostro profilo psicologico da anni.

Facciamo attenzione ai sottili attacchi di gaslighting che possono metterci contro gli altri membri della nostra cerchia ristretta. La priorità numero uno di un aggressore è quella di isolarci da gli altri. Evitiamo l'isolamento; se ci troviamo in una situazione in cui non abbiamo nessuno da cui correre mentre prima avevamo un forte sistema di supporto, è probabile che siamo presi di mira da un aggressore.

Crescere con uno psicopatico o un narcisista è dura. Nella maggior parte dei casi, queste minacce possono essere identificate presto: un genitore che ricorre sempre ad abusi emotivi, ad esempio, è una chiara minaccia. Un rapporto interpersonale non sempre implica malizia; queste persone potrebbero trovarsi in difficoltà personali e manifestano il loro stress attraverso la manipolazione, mentre altri possono soffrire di malattie mentali.

In ogni caso, non abbiamo l'obbligo di accettare i loro giochi abusivi e manipolativi. Una volta che una minaccia viene identificata, e si riconosce il rischio per la propria salute e la propria persona, è il momento di prendere le distanze.

Rischio proveniente da sconosciuti e nuovi conoscenti

In quanto esseri sociali, siamo continuamente portati a voler conoscere nuove persone, ma non tutte quelle che si incontrano sono genuine. Potrebbero, infatti, complottare per manipolarci in vari modi. Incontrare nuove persone è già abbastanza difficile, ma l'aggiunta di un potenziale rischio complica ulteriormente le cose.

Gli sconosciuti rappresentano un rischio significativo rispetto alle nostre relazioni interpersonali poiché non se ne ha alcun profilo psicologico. In questo caso, la cosa migliore è mantenere la calma, ma anche effettuare una ricerca personale su chi è questa persona. Estranei che si presentano chiusi (postura del corpo chiusa, segretezza circa sé stessi) possono essere sospetti, ma anche semplicemente timidi o affetti da ansia sociale.

Rischi derivanti dall'ambiente aziendale e di lavoro in generale

Per l'adulto medio che lavora circa otto o più ore al giorno, il rischio di un attacco psicologico oscuro è significativo. Questo rischio aumenta ulteriormente per i lavoratori che sono in diretta competizione per ottenere promozioni e trattamenti speciali dai loro superiori; il rischio tende ad essere più elevato anche per le donne che devono affrontare alti tassi di molestie sessuali sul posto di lavoro. Il lavoro si colloca a metà strada tra il rischio derivante dalle relazioni interpersonali e quello posto dagli estranei. Conosciamo i nostri colleghi a livello superficiale; nella maggior parte dei casi, non ne abbiamo un buon profilo psicologico, come invece accade con le relazioni più strette, ma comunque conosciamo queste persone più degli estranei che incontriamo per strada o online.

Anche qualsiasi organizzazione a scopo di lucro costituisce un potenziale rischio perché potrebbe cercare di truffarci per spingerci a concludere un accordo che non è nel nostro interesse. Una società, una compagnia di assicurazioni o un fornitore di servizi sanitari ha più autorità della minaccia media. Le persone che sono suscettibili di autorità corrono un rischio maggiore di essere manipolate in questo ambito. Ricordate l'esperimento di Stanley Milgram e come i partecipanti somministrarono pericolose scosse elettriche semplicemente perché gli era stato detto di farlo da un uomo in camice bianco.

Una minaccia può derivare da una qualsiasi di queste tre grandi categorie (che in realtà, potenzialmente, potrebbero essere molte di più). Una minaccia diventa tale solo quando l'intenzione di manipolarci è chiara; in caso contrario, si tratta semplicemente di rischi. Il passaggio da rischio a minaccia è, nella migliore delle ipotesi, poco chiaro, specialmente se abbiamo a che fare con un aggressore esperto. Per questo motivo è importante conoscere alcune buone pratiche di psicologia oscura, che ora andremo a esplorare.

Checklist della deferenza

È difficile quantificare una minaccia quando può essere celata nell'inganno. Una minaccia può essere in bella vista, ma essere comunque nascosta; chi non si preoccupa delle minacce non le vedrà arrivare. Questo è problematico per le persone con un profilo psicologico debole, persone che attribuiscono a tutto un valore nominale. E se siete arrivati a questo punto del libro, dovreste aver capito che le cose non sono mai come sembrano.

1. Stabilire la fiducia

Il meccanismo della fiducia è interessante: diciamo che qualcuno è affidabile, eppure basta un passo falso perché si approfitti della fiducia altrui. Qualcuno con una buona reputazione può, se lo desidera, prendere un'altra direzione: il cambiamento di comportamento è inaspettato e prende completamente alla sprovvista la vittima. Purtroppo, spesso gli abusi vengono commessi da persone di cui la vittima si fidava totalmente.

C'è un vecchio detto russo: "Fidati, ma verifica". Proprio come il fascino, anche la fiducia può essere apparente. Se qualcuno dice che fuori c'è il sole, ci possiamo fidare della sua parola, ma basta mettere la testa fuori dal finestrino per verificarlo. Sempre, sempre verificare la nostra fiducia in qualcuno. Se hanno detto che è successo qualcosa, crediamoci e poi verifichiamo che sia vero. Se dicono di aver fatto qualcosa, allora verifichiamolo. Se hanno qualcosa da nascondere, non gli piacerà che lo facciamo: useranno le solite scuse, come che non ci fidiamo di loro e che non crediamo in loro, e fingeranno che abbiamo ferito i loro sentimenti non mostrando fiducia nei loro confronti. Si tratta di una semplice manipolazione emotiva e di un attacco basato sul senso di colpa. Improvvisamente, lo stato di rischio viene elevato a potenziale minaccia.

2. Sappiamo come ci fa sentire questa persona?

Un aggressore che ha raggiunto lo status di minaccia non è piacevole da avere intorno. Dopo che ha esaurito il suo fascino apparente, ci sentiremo male dentro a ogni nuova interazione. Sentirsi colpevoli, spaventati o obbligati a fare ciò che vuole sono segnali negativi. Ascoltiamo quello che ci dicono le nostre emozioni: un rapporto sano non dovrebbe basarsi sulla paura, sul senso di colpa o sulla gelosia.

Sono comuni e facili da individuare anche gli attacchi attraverso l'umiliazione o che hanno come bersaglio la nostra fiducia in noi stessi. Tutto dipende da come ci sentiamo: se una persona ci fa sentire male, molto probabilmente sta cercando di manipolarci.

3. Interrompere il gaslighting

Un aggressore che fa ricorso al gaslighting cercherà di spingerci a mettere in discussione noi stessi. Questo è importante perché una volta che cominciamo a cedere ai loro trucchi, ci lasceremo manipolare. Mettere in discussione i nostri pensieri e convinzioni fa parte di un discorso sano e normale, ma quando iniziamo a mettere in discussione tutto ciò che facciamo, è segno che è in corso un'azione di depersonalizzazione. Non isoliamoci in alcun caso e chiediamo una seconda opinione ad amici e parenti intimi se qualcosa ci sembra strano; se non abbiamo nessuno con cui parlare, consideriamo la possibilità di telefonare a un numero di aiuto. Non siamo pazzi, siamo solo presi di mira da una minaccia.

4. Se sembra troppo bello per essere vero, probabilmente è effettivamente così

Ricordiamoci che un aggressore può usare un'esca e passare all'attacco per suscitare in noi interesse, e poi cambiare i termini all'ultimo secondo. Questo può essere facilmente evitato valutando la plausibilità della sua offerta iniziale. Perché uno sconosciuto che ci conosce a malapena dovrebbe farci un'offerta così alta? Perché un amico di vecchia data dovrebbe improvvisamente darci una grossa somma di denaro o farci un favore che non abbiamo mai chiesto?

È molto probabile che queste persone ci stiano mentendo o che abbiano un piano nascosto. Se qualcuno fa qualcosa per noi, significa che saremo automaticamente in debito con loro. Sì, la buona volontà esiste e le persone la condividono regolarmente, ma se siamo in debito con lui, l'aggressore può tirarlo fuori continuamente e può anche minacciare un'azione legale se non cediamo alle sue richieste. Se sembra troppo bello per essere vero, andiamocene. Non ne vale la pena.

5. Diciamo no all'amore condizionato e a tutto il resto di condizionato

Un rapporto sano si basa sulla fiducia e sulla comprensione reciproca; se a un certo punto qualcuno ci chiede qualcosa in cambio della sua amicizia, del suo amore o della sua conoscenza, allora c'è qualcosa che non va. In ogni relazione c'è un certo dare e avere, ma a volte si creano dinamiche negative.

Miglioriamo il nostro profilo psicologico

Infine, non facciamo le vittime. Un profilo psicologico debole è facile da sfruttare; è ciò che i potenziali aggressori cercano nei loro obiettivi in primo luogo. Un cervello "da culto" è facile da impressionare, ed è esattamente ciò da cui ci dovremmo proteggere.

Sapere chi siamo, cosa rappresentiamo e avere un codice morale. Se non ce l'abbiamo ancora, lavoriamoci su. Avere una base solida da cui partire rende più difficile la depersonalizzazione.

Una volta identificata una minaccia, è il momento di andarsene. La manipolazione nelle relazioni può portare ad abusi, che possono essere seguiti da cose anche peggiori. Esistono aiuti per persone in questa situazione: se ci troviamo circondati dalla paura, ammettiamo che c'è un problema e cerchiamo aiuto.

Non cadiamo in stratagemmi manipolativi. L'abuso emotivo funziona solo se si stima l'aggressore. In altre parole, non preoccupiamoci di ciò che pensa di noi; non diamogli il potere di cui ha bisogno.

Punti chiave:

- Un profilo psicologico debole è più facile da modificare e manipolare

- I tre principali ambiti di rischio nella vita quotidiana sono le relazioni interpersonali, i nuovi conoscenti/estranei e il luogo di lavoro

- Un rischio è solo un rischio finché non diventa una minaccia

- Seguire la checklist difensiva per identificare e attenuare potenziali minacce

Elementi d'azione

1.   Un manipolatore cercherà di farci fare qualcosa al di fuori del nostro modus operandi ordinario. Redigiamo un breve elenco delle nostre qualità che apprezziamo e poi un elenco delle qualità che apprezziamo ma che attualmente non possediamo e che vorremmo ottenere. Forse le possediamo, ma non ci è mai successo di doverle mettere in pratica. Questi sono i nostri valori fondamentali, quindi conosciamoli bene. Quando un manipolatore cerca di cambiarci, riprendiamo questa lista e vediamo quali valori ci sta chiedendo di tradire. Se ne troviamo qualcuno, vuol dire che quella persona non fa per noi.

2.   Tra queste convinzioni fondamentali dovrebbe esserci una misura della nostra volontà di dare. Le persone che sono eccessivamente caritatevoli possono essere più facilmente prese di mira da un aggressore per ovvie ragioni, poiché tendono a dare senza aspettarsi nulla. Il gioco cambia quando un manipolatore vuole che si faccia qualcosa per il proprio tornaconto personale. Comincerà con il chiedere un passaggio o qualche euro per la benzina e poi dovremo fargli sempre più favori. Scriviamo un valore monetario o una misura del tempo che siamo disposti a dare a qualcuno, assicurandoci di

distinguere tra sconosciuti, buoni amici e parenti più stretti.

Quando un potenziale manipolatore ci chiede qualcosa, torniamo a questa lista per valutare quale sia la nostra soglia di carità. Una volta che inizia a chiedere troppo, è il momento di tagliarlo fuori.

Capitolo 7- Intelligenza emotiva: Vecchi tempi a confronto con i tempi moderni

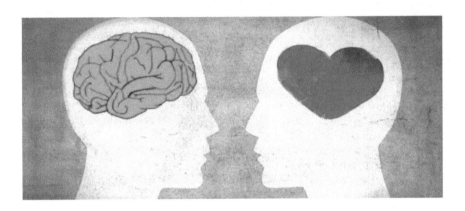

L'intelligenza emotiva migliora nel tempo. Proprio come il vino, molte persone migliorano invecchiando. Pertanto, anche l'intelligenza emotiva si è sviluppata nel corso degli anni.

Il termine "intelligenza emotiva" è stato coniato per la prima volta da Peter Salovey e John D. Mayer nel 1990, descrivendolo come un tipo di intelligenza sociale che comporta la capacità di regolare le proprie emozioni e i sentimenti e le emozioni degli altri, di differenziarsi tra queste emozioni e di utilizzare queste informazioni per guidare i propri pensieri e le proprie azioni.

Salovey e Mayer hanno lanciato un programma di ricerca per misurare l'intelligenza emotiva di una persona ed esplorarne il significato. Ad esempio, è stato condotto uno studio su un gruppo di persone, dove si è scoperto che le persone in grado di identificare e dare un nome chiaro alle emozioni sono state in grado di recuperare facilmente da un film sconvolgente che avevano visto.

In un altro esperimento, le persone che hanno ottenuto un punteggio elevato nella loro capacità di percepire correttamente le cose e di identificare o comprendere le emozioni delle altre persone sono state in grado di rispondere più efficacemente ai cambiamenti all'interno della loro cerchia sociale e di costruire reti di supporto sociale.

Durante i primi anni '90, Daniel Goleman ha conosciuto la ricerca di Salovey e Mayer, che lo ha portato all'autore Intelligenza Emotiva. La scuola dell'intelligenza emotiva di Goleman credeva che non fosse l'intelligenza cognitiva a garantire il successo commerciale di una persona, ma la capacità di una persona di gestire le proprie e altrui emozioni a determinare le sue possibilità di successo. Egli affermava che le persone emotivamente intelligenti possiedono quattro caratteristiche principali:

1.   Le persone con un'elevata intelligenza emotiva sono brave a identificare le proprie emozioni o hanno una buona consapevolezza di sé.

2.   Padroneggiano la capacità di gestire le proprie emozioni.

3. Sono stati in grado di mostrare empatia alle emozioni delle altre persone.

4.   Erano efficienti nel gestire le emozioni degli altri.

I semi dell'intelligenza emotiva sono stati piantati molto tempo fa negli anni '30, quando il concetto di "intelligenza sociale" fu proposto da Edward Thorndike. Egli la descrisse come la capacità di formare relazioni interpersonali e sociali con le persone.

Negli anni '40, David Wechsler suggerì che gli attributi dell'intelligenza efficace possono essere responsabili del successo.

Negli anni Cinquanta, lo psicologo umanista Abraham Maslow ha descritto come le persone possono sviluppare la forza emotiva.

Nel 1953, le persone iniziarono a pensare alle emozioni e all'intelligenza. Dorothy Van Ghent descrisse come romanzi come Orgoglio e pregiudizio di Jane Austen presentavano personaggi con un'elevata intelligenza emotiva.

Nel 1975, Howard Gardner pubblicò The Shattered Mind, che discuteva il concetto di diversi tipi di intelligenza oltre all'intelligenza cognitiva.

Nel 1987, la rivista Mensa Magazine ha pubblicato un articolo in cui KIEth Beasley usa per la prima volta il "quoziente emotivo" come frase. Questo è stato il primo uso pubblicato del termine, anche se Reuven Bar-on ha sostenuto di usare il termine nella sua tesi non pubblicata prima dell'articolo del Mensa.

Nel 1990 viene pubblicato l'innovativo articolo di Peter Salovey e John Meyer sull'intelligenza emotiva.

Nel 1995, il concetto di Intelligenza Emotiva è reso popolare in tutto il mondo dopo la pubblicazione dell'Intelligenza Emotiva dello scrittore del New York Times Daniel Goleman. Goleman ha attinto dalla ricerca di Salovey e Meyer per parlare dell'intelligenza emotiva come tipo di intelligenza vitale per il successo nel mondo accademico e nel lavoro.

Uno degli aspetti più cruciali dell'intelligenza emotiva è che, a differenza del quoziente di intelligenza, l'intelligenza emotiva non è fissa. Mentre alcune persone nascono con un'attitudine per varie componenti emotive e sociali, l'intelligenza emotiva è in gran parte malleabile.

Gli esperti di intelligence emotiva concordano sul fatto che l'intelligenza convenzionale contribuisce solo al 10-25 per cento del nostro successo. Una parte importante di essa, tuttavia, è determinata da molteplici fattori, tra cui la nostra capacità di gestire le nostre e altrui emozioni.

Una ricerca condotta da laureati di Harvard in diverse professioni, tra cui medicina e legge, ha concluso che c'è una correlazione zero e, a volte, una correlazione negativa tra gli alti punteggi dei test d'ingresso e il successo in varie professioni. Questo stabilisce chiaramente che un alto quoziente di intelligenza, o conoscenza, da solo non determina le possibilità di successo di una persona.

La ricerca condotta dal dottor Travis Bradberry ha concluso che il 90% dei lavoratori con i migliori risultati in un'organizzazione possiede un'elevata intelligenza emotiva. Le persone con un alto quoziente emotivo guadagnano anche 29.000 dollari in più all'anno rispetto alle loro controparti con una bassa intelligenza emotiva all'interno della stessa professione. Quindi, le persone con un'elevata intelligenza emotiva non solo sono più produttive ed efficienti, ma guadagnano anche, in media, più soldi rispetto alle persone con una bassa intelligenza emotiva.

Il quadro dell'intelligenza emotiva di Goleman

Il quadro dell'intelligenza emotiva di Goleman si concentra sull'idea che il quoziente emotivo, o intelligenza, è un fattore importante per il successo personale, professionale e sociale. Il quadro afferma che il quoziente emotivo ha cinque domini fondamentali che vengono poi divisi in quattro quadranti separati. Un paio di questi domini sono legati alle capacità personali, mentre gli altri due sono legati alle competenze sociali.

La teoria del Goleman è popolare in tutto il mondo perché parla dell'intelligenza emotiva come di un'abilità che può essere sviluppata in contrasto con il quoziente di intelligenza, che è in gran parte predeterminato da fattori genetici.

Mentre le competenze personali sono classificate in autoconsapevolezza e autogestione, le competenze sociali si dividono in consapevolezza sociale e gestione delle relazioni. La consapevolezza di sé è la capacità di identificare le proprie emozioni e il loro impatto su se stessi e sugli altri che ci circondano. L'auto-regolazione, o gestione, consiste nel gestire o regolare le vostre emozioni per garantire che le emozioni non finiscano per controllarvi.

La consapevolezza sociale include la consapevolezza organizzativa, l'orientamento al servizio e l'empatia. La gestione delle relazioni include la leadership, l'ispirazione e lo sviluppo degli altri, l'influenza, il catalizzatore del cambiamento, la creazione di connessioni, il lavoro di squadra, la comunicazione e la collaborazione.

Autoconsapevolezza

La consapevolezza di sé è la capacità di riconoscere i propri sentimenti e le loro conseguenze. Le persone con un'alta consapevolezza di sé possiedono le seguenti competenze:

- Conoscono le emozioni che stanno vivendo e perché stanno vivendo queste emozioni.

- Riconoscono come le loro emozioni influiscono sulle loro prestazioni.

- Sono consapevoli dei loro punti di forza e dei loro limiti.

- Le persone consapevoli di sé sono aperte a critiche o feedback costruttivi, prospettive più fresche, apprendimento costante e sviluppo personale.

- Sono decisive per natura e possono prendere decisioni chiare anche quando sono sotto stress e si trovano ad affrontare incertezze.

- Le persone con un'elevata consapevolezza di sé sono in grado di stabilire la connessione tra i sentimenti, i pensieri e le azioni delle persone.

- Sono in grado di mostrare un senso dell'umorismo e di vedere se stesse da una prospettiva più leggera. Le persone che si abbandonano all'umorismo autoironico sono spesso persone sicure di sé, sicure di sé ed emotivamente intelligenti.

- Le persone con un'alta consapevolezza di sé non sentono il bisogno di seguire le masse. Sono felici di stare in piedi da sole e di esprimere opinioni che non corrispondono alle opinioni popolari.

Autoregolamentazione

L'autoregolamentazione è la capacità di gestire le emozioni e gli impulsi emotivi che possono ostacolare le relazioni interpersonali e le prestazioni. Ecco alcune competenze che le persone con un'elevata autoregolamentazione possiedono:

- Le persone con un alto autocontrollo emotivo possono gestire i loro impulsi e le emozioni che disturbano in modo efficace.

- Sono in grado di rimanere calme, positive e inalterate anche nelle circostanze più difficili.

- Le persone con un alto livello di autoregolamentazione sono in grado di costruire fiducia e credibilità attraverso l'affidabilità, l'integrità e l'autenticità. Sono anche in grado di accettare i propri errori e sono abbastanza coraggiose da chiamare gli altri per i loro atti immorali.

- Le elevate capacità di autoregolamentazione portano queste persone a rispettare gli impegni, a mantenere le promesse e ad agire sulla parola data.

- Sono anche molto efficaci nel gestire il cambiamento e nell'adattarsi a nuovi scenari.

Consapevolezza sociale

La consapevolezza sociale è comprendere i sentimenti e i punti di vista degli altri e interessarsi alle loro preoccupazioni come se si trattasse di un interesse personale. Le persone che hanno un'elevata empatia possiedono le seguenti capacità:

- Sono estremamente sensibili agli indizi emotivi verbali e non verbali mentre ascoltano le persone.

- Dimostrano comprensione per il punto di vista di un'altra persona anche se non sono necessariamente d'accordo.

- Sono felici di aiutare a risolvere i problemi e le preoccupazioni delle persone in ogni modo possibile.

- Le persone con un'elevata consapevolezza sociale riconoscono i successi degli altri e li ricompensano per i loro punti di forza.

Capacità sociali

Le abilità sociali sono la capacità di influenzare e convincere le persone. Le persone con elevate capacità sociali possiedono le seguenti competenze:

- Sono in grado di affrontare i conflitti in modo assertivo e diretto.

- Praticano una comunicazione aperta e sono ricettive sia alle lodi che alle critiche.

- Le persone con elevate capacità sociali possono ispirare gli altri a perseguire un obiettivo o una visione condivisa.

Conclusione

A nessuno piace essere sfruttato o manipolato. Eppure, il mondo di oggi è pieno di manipolatori che vanno dall'individuo, al marketing, all'industria. La cosa più importante da ricordare quando si ha a che fare con qualsiasi persona nella vita sono i propri diritti. Quando si sa quello che si merita, è facile individuare una persona che cerca di violare i propri confini. Finché le vostre azioni non danneggiano altre persone, avete il diritto di difendere ciò che è vostro di diritto. D'altra parte, se le vostre azioni sono dannose per le altre persone, potreste dover rinunciare ai vostri diritti.

Alcuni dei vostri diritti umani fondamentali includono:

Il diritto ad essere rispettato,

Il diritto di esprimere le proprie opinioni, desideri e sentimenti,

Il diritto di stabilire i vostri obiettivi e le vostre priorità,

Il diritto di dire no a cose che non ti sembrano giuste,

Il diritto di avere un'opinione diversa dagli altri,

Il diritto di proteggere sé stessi e il proprio interesse, emotivamente, fisicamente e mentalmente,

Il diritto a una vita sana e alla felicità.

CPSIA information can be obtained
at www.ICGtesting.com
Printed in the USA
BVHW090324050621
608821BV00010B/1987